LABORATÓRIO DE
Logística

Marco Aurélio Carino Bouzada | Felipe Pusanovsky de Barros

LABORATÓRIO DE
Logística

Testando teoria com um jogo de empresas

ALTA BOOKS
EDITORA
Rio de Janeiro, 2019

Laboratório de Logística - Testando teoria com um jogo de empresas

Copyright © 2019 da Starlin Alta Editora e Consultoria Eireli. ISBN: 978-85-508-0793-5

Impresso no Brasil — 1ª Edição, 2019 — Edição revisada conforme o Acordo Ortográfico da Língua Portuguesa de 2009.

Publique seu livro com a Alta Books. Para mais informações envie um e-mail para autoria@altabooks.com.br

Obra disponível para venda corporativa e/ou personalizada. Para mais informações, fale com projetos@altabooks.com.br

Produção Editorial	Produtor Editorial	Marketing Editorial	Vendas Atacado e Varejo	Ouvidoria
Editora Alta Books	Juliana de Oliveira	marketing@altabooks.com.br	Daniele Fonseca	ouvidoria@altabooks.com.br
	Thiê Alves		Viviane Paiva	
Gerência Editorial		**Editor de Aquisição**	comercial@altabooks.com.br	
Anderson Vieira	**Assistente Editorial**	José Rugeri		
	Illysabelle Trajano	j.rugeri@altabooks.com.br		

Equipe Editorial	Adriano Barros	Kelry Oliveira	Leandro Lacerda	Paulo Gomes
	Bianca Teodoro	Keyciane Botelho	Lívia Carvalho	Thales Silva
	Ian Verçosa	Larissa Lima	Maria de Lourdes Borges	Thauan Gomes

Revisão Gramatical	**Diagramação/Layout**	**Capa**
Hellen Suzuki	Joyce Matos	Bianca Teodoro
Rochele Lassarot		

Dados Internacionais de Catalogação na Publicação (CIP) de acordo com ISBD

B7821   Bouzada, Marco Aurélio Carino

Laboratório de logística: testando teoria com um jogo de empresas / Marco Aurélio Carino Bouzada, Felipe Pusanovsky de Barros. - Rio de Janeiro : Alta Books, 2019.
224 p. : il. ; 17cm x 24cm.

Inclui índice.
ISBN: 978-85-508-0793-5

1. Administração. 2. Logística. 3. Laboratório de logística. I. Barros, Felipe Pusanovsky de. II. Título.

CDD 658.7
2019-1167   CDU 658.7

Elaborado por Vagner Rodolfo da Silva - CRB-8/9410

Rua Viúva Cláudio, 291 — Bairro Industrial do Jacaré
CEP: 20.970-031 — Rio de Janeiro (RJ)
Tels.: (21) 3278-8069 / 3278-8419
www.altabooks.com.br — altabooks@altabooks.com.br
www.facebook.com/altabooks — www.instagram.com/altabooks

ASSOCIADO

Dedicatória

Gostaria de dedicar este livro ao meu filho **Lorenzo Santos Bouzada**, minha principal motivação a tentar deixar, para as gerações futuras, um mundo melhor e com mais disseminação de conhecimento.

Marco Aurélio Carino Bouzada

Dedico este livro aos meus pais, **Nilton Guimarães de Barros** e **Vera Pusanovsky de Barros**, como forma de agradecer pela minha formação pessoal e profissional, e ao meu filho, **Victor Pusanovsky Okada de Barros**, maior presente de Deus em minha vida.

Felipe Pusanovsky de Barros

v

Agradecimentos

Gostaria de agradecer aos meus queridos pais, **Héctor Ruben Bouzada Rey** e **Lenise Carino de Bouzada,** sem os quais minha moral e educação certamente teriam seguido um caminho que não me haveria trazido até aqui.

Marco Aurélio Carino Bouzada

Agradeço a todos que contribuíram de forma direta ou indireta na elaboração desta obra. E foram muitos: alunos, professores, amigos... e em especial ao professor **Marco Aurélio Carino Bouzada**, pelo convite de redigir este livro em parceria.

Felipe Pusanovsky de Barros

Sobre os autores

Marco Aurélio Carino Bouzada

Graduado em Engenharia de Produção pela Universidade Federal do Rio de Janeiro (1998), mestre em Administração pelo Instituto Coppead de Administração/UFRJ (2001) e doutor em Administração pelo Instituto Coppead de Administração/UFRJ (2006). Foi, por mais de dez anos, professor titular do curso de graduação em Administração da ESPM e de outros cursos de graduação e pós-graduação em diversas instituições. Atualmente é professor titular do quadro permanente do mestrado em Administração da Universidade Estácio de Sá e professor do Curso de Formação em Finanças e do Curso de Formação em Logística do ALUMNI COPPEAD (UFRJ). Tem mais de 50 artigos publicados em periódicos nacionais e internacionais. É organizador e principal autor dos livros *Jogando Logística no Brasil*, *Métodos Quantitativos Aplicados a Casos Reais*, *O Uso de Ferramentas Quantitativas em Call Centers — Previsão e Dimensionamento* e *Logística Operacional Interna*. É editor-chefe do periódico acadêmico Adm. MADE e tem experiência na área de Estatística, Métodos Quantitativos, Pesquisa Operacional e Business Games.

Felipe Pusanovsky de Barros

Mestre em Administração e Desenvolvimento Profissional pela Universidade Estácio de Sá (2016), pós-graduado em Governança e Melhores Práticas de TI pela INFNET (2010) e em Redes de Computadores pela Universidade Estácio de Sá (2005), graduado em Administração pela UFRRJ (2013), tem licenciatura plena em Matemática pela Fundação Técnico Educacional Souza Marques (2003) e tecnólogo em Processamento de Dados pela Faculdade Celso Lisboa (2001). Desde 2004, é professor universitário nos cursos de graduação e pós-graduação na Fundação Técnico Educacional Souza Marques, lecionando disciplinas de Informática, Tecnologia da Informação, Sistemas Integrados de Gestão, Logística, Jogos de Empresas e Gestão do Conhecimento. Atuou como professor de Matemática do Estado do Rio de Janeiro. Foi gerente de TI do SENAI/CETIQT durante cinco anos. Possui certificação em ITIL — Foundations V3 e certificação Google Educator.

Sumário

Apresentação

Na área de administração, diversas pesquisas acadêmicas são conduzidas mundo afora todos os anos. Uma parcela significativa dessas pesquisas realiza a coleta de dados de forma empírica, através de questionários aplicados a empresas, para serem respondidos por profissionais ligados à área de interesse da pesquisa.

Essa abordagem tradicional encerra muitos benefícios, mas também, naturalmente, algumas dificuldades. Não é corriqueiro conseguir um alto índice de resposta aos questionários por parte das empresas; dessa forma, para conseguir uma quantidade significativa de dados, é necessário distribuir uma quantidade enorme de questionários.

Além disso, muitas vezes os questionários são preenchidos de forma descuidada e/ou não necessariamente sincera, por questões de sigilo, constrangimento, falta de conhecimento etc. Isso contribui para a deterioração da qualidade da informação coletada.

Então, por que não obter os dados experimentalmente, em vez de empiricamente? Por que não preterir empresas reais, dando lugar a empresas virtuais, ou seja, geridas por participantes de um jogo de empresas, um ambiente empresarial simulado muito utilizado para ensino e treinamento?

Esse ambiente simulado pode, além de cumprir suas funções de ensino e treinamento, viabilizar a realização de diversas experiências "laboratoriais" capazes de atender — sem os inconvenientes inerentes à abordagem empírica de coleta de dados — objetivos de pesquisa associados à gestão de empresas.

Se focado na área de logística, tal laboratório — a estrutura de simulação de ambiente empresarial contendo as empresas virtuais participantes do jogo de empresas — se tornaria um Laboratório de Logística.

A logística, inclusive, consiste em uma área da administração que envolve bastante raciocínio lógico e manuseio de variáveis quantitativas, elementos bastante presentes e explorados nos jogos de empresas, em geral.

Além disso, nosso país apresenta dimensões continentais e ainda conta com um nível baixo de profissionalismo na área. Portanto, muita ineficiência e desperdícios ocorrem, e existe um grande potencial de crescimento, possibilitando enormes economias para o país no caso de o potencial se concretizar. Tudo isso reforça a importância de pesquisas na área de logística.

A primeira semente deste livro foi plantada em 1998, quando um jovem mestrando em administração participou de um jogo de logística, tendo na ocasião a primeira oportunidade de gerir uma empresa virtual em conjunto com seus colegas. Daí surgiu a ideia para a sua dissertação de mestrado: construir um jogo de logística voltado para a realidade brasileira!

Em sua posterior carreira acadêmica, o mestre tornou-se doutor e dedicou-se a pesquisas relacionadas a jogos de empresas, especialmente na área de logística, escrevendo artigos e livros orientando dissertações de mestrado.

Seu principal projeto de pesquisa consistiu em estabelecer o Laboratório de Logística para pesquisar e testar teoria, utilizando para tal fim o ambiente virtual do seu jogo de logística desenvolvido na dissertação. E em um dos processos de orientação empreendidos os dois autores deste livro se conheceram, então como orientando e orientador.

Essa orientação gerou diversas pesquisas e artigos utilizando o Laboratório de Logística e deu origem à parceria acadêmica para a elaboração desta obra que lhe é agora apresentada.

O livro é dividido em quatro partes:

1. Metodologia
2. Aspectos Pedagógicos
3. Aspectos Logísticos
4. Aspectos da Interface Logística/Marketing

Na primeira parte, a proposta metodológica do Laboratório de Logística é apresentada e conceituada no primeiro capítulo, enquanto o simulador que serve de motor para o Laboratório é descrito e ilustrado no segundo capítulo.

A segunda parte do livro apresenta os resultados das primeiras pesquisas realizadas pelo Laboratório, ambas testando aspectos pedagógicos referentes à aplicação de um jogo de logística: o nível de assimilação dos conceitos por parte dos alunos, no terceiro capítulo, e a adequação da ferramenta aos diferentes estilos de aprendizagem dos alunos, no quarto.

A terceira e maior parte apresenta, em quatro capítulos, pesquisas testando aspectos ligados especificamente à logística: o *trade-off* de compras, a centralização dos estoques, o nível dos mesmos e o uso intenso do modal rodoviário de transporte, respectivamente.

Os dois últimos capítulos compõem a quarta parte do livro, destinada a testar aspectos ligados também à logística, mas que certamente *interfaceiam* o marketing: a relação preço versus nível de serviço, no nono capítulo, e a influência do sortimento do mix de produtos, no décimo.

Este trabalho é destinado tanto ao mercado acadêmico quanto ao profissional.

Ao primeiro, por apresentar uma metodologia de pesquisa inovadora, envolvendo uma ferramenta de ensino e treinamento. Acadêmicos de nível técnico, de graduação ou pós-graduação das áreas de logística, engenharia de produção ou administração estão convidados a mergulhar nas próximas páginas.

E, por apresentar diversos resultados de pesquisas conduzidas dentro desses campos de conhecimento, este livro estende o convite a profissionais dessas áreas, assim como professores e pesquisadores interessados no tema jogos de empresas.

Esperamos, com esta obra, suscitar a pesquisa acadêmica, propondo uma metodologia inovadora, além de contribuir de forma significativa para que todos os tremendos potenciais se transformem em realidade para os envolvidos com logística no Brasil. Ah, e, é claro: que todos tenham uma boa leitura!

Os autores
Outubro de 2018

PARTE 1

METODOLOGIA

Laboratório de Logística — A Metodologia

Introdução

Por tratar-se de uma área de conhecimento muito ampla, genérica e dinâmica, a administração de empresas vem sofrendo diversas transformações ao longo dos últimos anos, em função das próprias pesquisas na área e das mudanças no panorama empresarial mundial. Desta maneira, tem-se tornado cada vez mais forte a necessidade de aprendizagem, treinamento e reciclagem para pesquisadores da área de administração.

Existem diversas formas de conduzir pesquisas na área. No entanto, a metodologia de pesquisa a ser explorada neste trabalho procura inserir os envolvidos em um ambiente empresarial simulado: os jogos de empresas (*business games*). Tal formato, inclusive, necessita de mais pesquisas a seu respeito no país, para que possa se consolidar como uma efetiva metodologia de pesquisa no Brasil.

Mais especificamente, o "coração" dessa proposta, que é apresentado no próximo capítulo, é o BR-LOG, um jogo de logística desenvolvido por Bouzada (2001), em uma das áreas da administração que carece de mais pesquisa dentro do nosso país.

Atualmente, existem alguns jogos de logística disponíveis no mercado doméstico, principalmente para fins de ensino e treinamento gerencial. No entanto, uma parcela muito reduzida deles é aplicada ao cenário brasileiro. Dentre estes, não foi possível descobrir algum em que as distâncias entre as localidades fossem verdadeiras, e a disponibilidade dos modais fosse próxima da real. A maioria das aplicações utiliza localidades fictícias, o que exige uma boa capacidade de abstração.[1]

Bonocielli Jr. e Lopes (2008) observam que muitos dos jogos de empresas utilizados no Brasil são adaptações de jogos importados de outros países.

Tais carências dificultam que essas opções viabilizem a efetiva pesquisa sobre logística no Brasil. A captura de insights genéricos sobre o assunto até poderia ocorrer, mas a construção de conhecimento acerca das características específicas do mercado brasileiro ficaria prejudicada.

Além disso, a maioria dos jogos de logística existentes não contempla a possibilidade de transporte intermodal, a utilização dos modais aéreo e marítimo, a escolha da localização da(s) fábrica(s), a programação diária da produção, o transporte paletizado, o tratamento de produtos frigorificados, entre outros aspectos críticos da gestão logística de uma empresa.[2]

O objetivo deste livro consiste, então, em apresentar uma metodologia para testar experimentalmente — através da criação e estabelecimento de um "Laboratório de Logística", uma estrutura de simulação de ambiente empresarial tendo como motor a aplicação do BR-LOG junto a estudantes e executivos — diversos elementos de pesquisa e tentar relacioná-los à teoria existente. Alguns exemplos de elementos de pesquisa que podem ser testados são estes:

» motivo da pouca aceitação (se comparada aos seus potenciais benefícios) dos jogos de empresas junto a coordenadores acadêmicos, docentes, discentes e executivos;

» capacidade de trabalho em grupo e formas de harmonizar as equipes;

» formato ideal de aplicação do jogo (duração, intervalo entre as rodadas, à distância x presencial, quantidade de informação disponível, fornecimento ou não de ferramentas de apoio);

» influência das características dos alunos (instituição, nível e natureza do curso, período, desempenho acadêmico) na performance das empresas geridas por eles no jogo;

» desempenho de empresas orientadas por diferentes estratégias (modelos da literatura) durante o jogo.

....
1 LIMA, 2004; AZEREDO et al., 2006; CEL, 2008.
2 Ibidem.

As nuances, vantagens, desvantagens e especificidades de uma metodologia — jogos de empresas — com tantos benefícios potenciais precisam ser mais bem entendidas pela comunidade acadêmica. Vale lembrar também que esses benefícios se tornam ainda mais marcantes em áreas que envolvam raciocínio e manuseio de variáveis quantitativas, como a logística.

Também por isso, a academia carece de mais pesquisa a ser conduzida — além de acerca da própria metodologia de jogos de empresas — na área de logística no Brasil. O Brasil é um país de dimensões continentais que ainda conta com um nível baixo de profissionalismo no assunto. Portanto, ocorrem muita ineficiência, subutilização de ativos e desperdícios (principalmente no que diz respeito a transportes e armazenagem), e existe um potencial de crescimento muito grande na área, possibilitando enormes economias para o país, no caso de o potencial se transformar em realidade.

Mas, quando as experiências são realmente conduzidas no mundo empresarial, as respostas para as perguntas de pesquisa costumam ser obtidas de forma mais demorada e custosa. Um ambiente simulado (como o encontrado durante a aplicação de jogos de empresas), no entanto, pode viabilizar a realização de diversas experiências "laboratoriais" capazes de atender — de forma mais rápida e menos custosa — aos objetivos de pesquisa acerca de gestão logística no Brasil. E quanto mais fiel for a representação da nossa realidade proporcionada pelo modelo utilizado para simulá-la, mais acurados serão os resultados obtidos.

É aí que está depositada a importância da aplicação do BR-LOG: no fato de se tratar de um jogo realizado no cenário brasileiro. As cidades são reais, e as distâncias entre elas, verdadeiras. Os custos e variáveis como tamanho e importância econômica das cidades são condizentes com a nossa realidade. A disponibilidade dos modais se aproxima da real, permitindo que os envolvidos realmente pesquisem sobre logística no Brasil. Assim, para um pesquisador brasileiro, talvez seja mais importante verificar se é viável transportar matéria-prima de trem de Belém a Brasília, ou se compensa economicamente abastecer de produtos acabados uma cidade de tão difícil acesso como Manaus do que saber quanto custa transportar, de caminhão, um produto do "mercado 12" para o "mercado 27".

Este livro procura apresentar uma proposta de metodologia que, conduzida pela aplicação de um jogo de empresas para a área de Logística, é capaz de — em um ambiente de laboratório — pesquisar diversos aspectos relacionados à área do conhecimento em questão, e até mesmo testar elementos de pesquisa ligados à própria metodologia.

Dessa forma, essa proposta permite ajudar a entender — em um ambiente simulado, no qual o erro não acarreta consequências como no mundo real — que características dos estudantes, dos gestores e das equipes e orientações estratégicas são capazes de proporcionar maiores chances de as empresas reais obterem bom desempenho logístico.

Antes de apresentar propriamente o Laboratório de Logística, este capítulo introdutório oferece uma revisão sobre jogos de empresas (de uma maneira geral), jogos de logística (de uma maneira específica) e o Laboratório de Gestão, cujos conceitos inspiraram a concepção do Laboratório de Logística.

Jogos de Empresas

Elgood (1988) sugere algumas características definidoras de um jogo de empresas: (i) envolver competição e ter claro em seu término quais os vencedores; (ii) consistir em uma atividade baseada em regras organizadas de modo a poderem ser repetidas; (iii) ter uma estrutura clara, podendo ser reconhecido sempre que for aplicado como sendo o mesmo exercício; (iv) possuir estágios sucessivos, em que o aprendizado se dê por verificação de erros e acertos; (v) permitir a identificação prévia, aos que se interessarem, de alguns critérios de avaliação de performance; e (vi) exigir por parte dos participantes certo nível de habilidade de relacionamento com os colegas de grupo, na coordenação de equipes de trabalho, bem como na utilização de recursos disponíveis, tais como documentação apresentada, materiais de apoio e computadores.

Os participantes assumem o papel de um tomador de decisões em uma organização empresarial (geralmente o presidente, diretor ou gerente). Usualmente, o objetivo é resolver um problema ou simplesmente gerenciar a posição por certo intervalo de tempo.[3]

Os jogos buscam retratar de forma simplificada a realidade complexa das empresas, delimitando algumas variáveis trabalhadas e restringindo o impacto de outras no modelo. Desta forma, procuram simular o ambiente empresarial, colocando os jogadores diante de situações que são similares àquelas pelas quais os executivos passam em sua rotina de trabalho. Além disso, possuem a vantagem

---

3 VICENTE, 2001.

de não comprometer a operação normal da empresa, uma vez que geralmente são realizados em um ambiente independente e isolado.[4]

Bonocielli Jr. e Lopes (2008) dizem que os jogos de empresas são uma importante ferramenta para auxiliar na consolidação dos princípios complexos e dinâmicos que regem as decisões gerenciais. Na opinião de Vicente (2001), eles consistem, mais do que em um modismo, em uma tendência secular que vem ganhando força nos dias de hoje, caracterizando-se como uma revolução na criação de capital intelectual.

Pretto e outros (2008) aferiram o desempenho acadêmico de duas turmas de graduação em administração — tendo um jogo de empresas sido aplicado em apenas uma delas — e concluíram que esse tipo de metodologia pode ser muito útil na simulação da realidade e na avaliação do desempenho.

Já na década de 1970, Tanabe (1977) acrescentava aos mais tradicionais propósitos didático e de treinamento da metodologia o objetivo de pesquisa (para acadêmicos). Rosas (2006) também constatou a manifestação desse último objetivo ao mencionar que, desde aquela época, já eram realizadas pesquisas com jogos de empresas na USP, na FGV-SP e, alguns anos depois, também na UFSC.

Greenblat (1989) confidencia que, durante o exercício de aplicação de um jogo, seu moderador tanto costuma aprender, graças aos participantes quanto estes últimos graças ao primeiro.

Para Miyashita (1997), a força da tecnologia da informação vem impulsionando cada vez mais esses jogos, que podem ser cada vez mais complexos, executados em menos tempo e podem contar com participantes que estão em locais diferentes. A cada dia os jogos vão melhorando, tornando-se mais úteis e mais adequados à área de interesse.

Gramigna (1994) procura desmitificar algumas máximas existentes acerca dos jogos que, muitas vezes, acabam por prejudicar a sua difusão. A existência dessas máximas contribui para que a utilização real de jogos de empresas em cursos de graduação seja menor do que o potencial de utilização que tal metodologia apresenta (devido à sua grande eficácia pedagógica). Entre as principais causas para essa lacuna também estão os altos custos de aquisição e a falta de professores treinados.[5]

----

4 CARLSON; MISSHAUK, 1972; KOPITTKE, 1989; MIYASHITA, 1997; SCHAFRANSKI, 2002; ROSAS; SAUAIA, 2006.

5 NEVES; LOPES, 2008.

Oliveira e Sauaia (2008) verificaram ter havido uma boa aceitação da metodologia de jogos de empresas junto a docentes da USP. Já Neves e Lopes (2008) trabalharam com uma delimitação menos restritiva (as IES do estado de São Paulo) para verificar que metade das instituições pesquisadas utiliza jogos de empresas regularmente (das quais a grande maioria está satisfeita com o resultado) e que quase nenhuma descarta a utilização desse tipo de ferramenta no futuro, criando uma expectativa de tendência de alta para sua utilização no cenário brasileiro, segundo os autores.

Jogos de Logística

Martinelli (1987) lembra que os jogos podem ser classificados de acordo com a área de conhecimento abordada por eles. Dentro da administração, os jogos de empresas podem explorar conceitos de marketing, produção, finanças, recursos humanos, estratégia e logística — estes últimos envolvendo, de acordo com Miyashita (1997) e Bouzada (2011), grande quantidade de elementos matemáticos e financeiros: coordenação de estoques, avaliação de tempos de transporte e espera, cálculo de custos etc. O processamento dessas informações envolve uma razoável complexidade, pela grande quantidade de dados numéricos e do equacionamento exigido. Esse fato fortalece o poder do business game enquanto ferramenta para a logística.

Lima (2004) sustenta tudo isso com a informação de que a difusão dos jogos na área de logística é particularmente grande, e a aplicação dos deles vem se tornando cada vez mais frequente nos últimos anos, até através de um formato mais lúdico, como o de um jogo de tabuleiro.[6]

O primeiro jogo computacional — o *Monopologs Game* — foi desenvolvido pela Rand Corporation para a Força Aérea Americana em 1955. Era um jogo de logística e simulava um sistema de abastecimento e gerenciamento de materiais.[7]

Pinheiro (1983) apresenta um jogo (de planejamento da produção e controle de estoques) que dispensa o uso de computador e aborda problemas como o de programação da produção e de armazenagem, bem relacionados à problemática da logística.

---

6 GEORGES, 2009.
7 LIMA, 2004.

Carlson e Misshauk (1972) relacionam três jogos de logística, todos ambientados nos Estados Unidos: (i) Aztec Trucking Company, que requer que os participantes coordenem uma frota de caminhões, competindo para vender e entregar um produto em várias cidades; (ii) Holiday Tree Company, cujo principal desafio das empresas é comprar árvores de Natal no oeste norte-americano e despachá-las para o mercado, em cinco diferentes cidades; e (iii) Dorn Corporation, que estimula os jogadores a otimizarem a política de estoques de peças sobressalentes, de forma a atender satisfatoriamente à demanda por elas, geograficamente espalhada pelo país.

O jogo de logística é outro exemplo que utiliza localizações reais em vez de fictícias — cidades do estado de São de Paulo, no caso — a serem abastecidas durante a aplicação desse jogo de tabuleiro. Nele, as empresas precisam planejar e executar a operação de distribuição semanal de produtos dos centros de distribuição para seus clientes. O realismo do jogo inclui até a consideração das rodovias que realmente existem e quais delas são duplicadas ou simples, de pedágios e da importância relativa das cidades. Diferentes tipos de produtos e veículos são contemplados, todos com suas particularidades. As incertezas estão presentes na demanda (através de dados) e nos transportes e operação interna das empresas (através de cartas com eventos aleatórios). Diversos conceitos logísticos são explorados, como a localização de instalações, a seleção do modal de transporte, a parametrização do sistema de reposição de estoque, a roteirização e programação de veículos, o dimensionamento das instalações, entre outros.[8]

Outro jogo "manual" é o Simchip, que está explicado no apêndice de Bowersox (1996). Nele, empresas tentam atender à demanda de cinco mercados fictícios, e o seu propósito é demonstrar apenas as inter-relações básicas entre os elementos logísticos. Dessa forma, diversas premissas simplificadoras foram adotadas. Nessa mesma linha de simplicidade bem estruturada — mas em ambiente computacional — Ornellas (2005) apresenta o *LOG IN*, que valoriza também o recebimento de informações ao longo do tempo.

O simulador logístico *LOGA*[9] é um jogo logístico um pouco mais complexo, desenvolvido pela Universidade de Michigan (EUA), no qual quatro empresas vendem dois diferentes produtos fictícios em 36 mercados (também fictícios). Existem várias matérias-primas e diferentes fornecedores e modais de transpor-

....
8 GEORGES, 2009.
9 CEL, 2008.

te. O marketing e a produção também são explorados nesse jogo, em um sentido mais coadjuvante. Foi um dos poucos exemplos encontrados — juntamente com o *LOGSIM*[10] — capazes de simular a ocorrência de potenciais problemas (como atrasos) no transporte dos bens.

No *Supply Chain Game*,[11] as equipes têm que lidar com diferentes padrões de demanda através de decisões que envolvem o projeto da cadeia de suprimentos, previsão de demanda, controle da produção e de estoques, gestão dos transportes, entre outros aspectos logísticos. Também no formato *web-based*, o *LINKS Supply Chain Management Simulation*[12] está disponível em três versões (fundamental, *padrão* e estendida), em que as empresas — com diferentes níveis de complexidade envolvida, conforme a versão utilizada — precisam gerenciar a cadeia de suprimentos de ponta a ponta para atingir o equilíbrio entre oferta e demanda.

Já no *SC Logistic*, o produto trabalhado é real — o tabaco — e, segundo Peixoto (2002), o objetivo é desenvolver conceitos básicos de logística e envolver decisões também acerca do investimento em propaganda. Estas últimas também estão presentes no *LOG*, um jogo de logística de mecânica razoavelmente simples apresentado por Miyashita (1997). Os participantes não podem decidir acerca da infraestrutura logística da empresa, que já está predefinida. As decisões ficam por conta dos aspectos mais táticos e operacionais (como compra de matéria-prima, escolha de modais, planejamento da produção e entrega do produto final). Sua versão mais avançada (o *LOG Advanced*) trabalha mais os conceitos de logística integrada, explorando os *trade-offs* entre as funções logísticas, de forma similar à encontrada no *Supply Chain Game*.[13]

O *Beer Game* (jogo da cerveja) também procura evidenciar a importância da integração e da troca eficiente de informações em uma cadeia de suprimentos. Mas o jogo é colaborativo e simula o processo de administração de estoques de empresas que compõem os diversos estágios de uma cadeia produtiva de cerveja (varejo, distribuidor, revendedor e fábrica), buscando minimizar o custo total da operação.[14]

Adaptado deste último, o *Jogo da Cadeia de Suprimentos* utiliza a representação física da cadeia de suprimentos em sala de aula, objetivando — de acordo

....
10 CAVANHA, 2000.
11 RESPONSIVE.NET, 2009.
12 LINKS, 2009.
13 CEL, 2008.
14 JACOBS, 2000.

com Mury (2002) e Cunha e Lima (2004) — ser mais tangível e explorar a dinâmica de grupo e a metodologia vivencial. É um dos poucos jogos que disponibiliza como alternativa o modal aéreo de transporte, além do *GameF61*,[15] que tem como um segundo diferencial a utilização de regiões reais (Ásia, Europa, México, Brasil) na sua aplicação.

Também tendo como motivação a produção e comercialização de um produto real — um eletrodoméstico, no caso — o *GI-LOG* pode ser classificado como um jogo funcional, privilegiando os setores de suprimento, produção e distribuição física, mas envolvendo decisões também na área de marketing, administração financeira e gerenciamento contábil. O jogo testa as principais habilidades gerenciais necessárias para uma boa administração logística, procurando fornecer ao participante uma visão clara do papel que a logística desempenha na administração empresarial.[16]

No *InterPlanning*, as empresas competem por mercados em comum e são subdivididas nas áreas de suprimento/produção, logística/distribuição e marketing. O grande desafio é gerir o conflito interno provocado pelos indicadores de desempenho das três áreas envolvidas.[17]

De acordo com Simchi-Levi (2003), os grupos participantes do *Risk Pool Game* gerenciam sistemas com estoque centralizado e com estoque descentralizado, e tentam entender o impacto da (des)centralização dos estoques nos indicadores de custos e serviços. Tal *trade-off* também pode ser encontrado, segundo Azeredo (2004), no *Supplier Game*, além de outros como os que envolvem a política de produção e estoque e o planejamento da capacidade.

O objetivo do *Forecast Game* é treinar os participantes nas técnicas de gerenciamento de demanda. Seu grande diferencial é o fato de utilizar dados reais. A outra ponta da cadeia pode ser trabalhada no *Jogo de Compras*, em que a seleção e a contratação de fornecedores são exploradas.[18]

---

15 ORLANDELI, 2001.
16 VIEIRA FILHO et al., 2008.
17 CEL, 2008.
18 Ibidem.

Laboratório de Gestão

Há mais de 30 anos, Tanabe (1977) já destacava o propósito de pesquisa como um dos objetivos dos jogos de empresas. Segundo ele, é possível utilizar o cenário propiciado pela aplicação de um jogo como um laboratório para: (i) descobrir soluções para problemas empresariais; (ii) pesquisar, testar e esclarecer aspectos da teoria; e (iii) investigar o comportamento individual e grupal em situações de tomada de decisão sob pressão de tempo e incerteza.

De acordo com Rosas (2006), uma das principais funções dos jogos de empresas consiste em servir de laboratório para testar hipóteses de teorias e conhecimento de campo na área de negócios. Vicente (2005, p. 8) diz que "as simulações devem ser vistas como uma ferramenta importante de investigação do mundo real".

Sauaia (2008) propõe a associação de simuladores organizacionais, jogos de empresas e pesquisa aplicada (que visa o entendimento da origem do valor para a organização) através do SIMULAB, o seu "laboratório de gestão". Segundo o autor, o empreendimento propicia a prática dos modelos propostos na teoria por meio da pesquisa aplicada desenvolvida individualmente pelos membros dos diversos grupos concorrentes no jogo de empresas. Isso só tem valor porque, de acordo com Rosas e Sauaia (2006), os resultados das empresas observados nos jogos costumam ser semelhantes aos de mercado.

Lopes (2001) desenvolveu um laboratório dedicado de administração e negócios baseado na tecnologia de jogos de empresas e concebido para funcionar integralmente no ambiente da internet. O propósito foi possibilitar a superação das fragilidades identificadas na formação profissional do administrador e proporcionar uma formação de qualidade superior, com o fornecimento de determinados conjuntos de habilidades adequadas ao atual ambiente de negócios.

Discentes e docentes vêm realizando pesquisas baseando-se no ambiente organizacional simulado, através do qual tem sido possível testar diversos elementos cuja investigação apresenta bastante relevância para o meio acadêmico, por exemplo: *Balanced Scorecard*, Composto de Marketing, Estratégias Genéricas, Políticas de Gestão de Estoques.[19]

Segundo a mesma abordagem, Sauaia e Kallás (2003) testaram os efeitos de um oligopólio de preços ao comparar as abordagens de cooperação por lucro e

---

19 SAUAIA, 2008.

competição por mercado entre as empresas virtuais de uma aplicação do jogo de empresas.

Já Silva e Sauaia (2008) verificaram, em ambiente simulado, que a gestão estratégica de marketing promoveu melhores resultados empresariais do que a gestão operacional de marketing. No mesmo ambiente, Lima e Sauaia (2008) não encontraram, pelo menos no médio prazo, relação entre os investimentos em P&D e os resultados obtidos pelas empresas.

Os estudos de Sauaia (2003) e Oliveira (2008) revelaram não ter havido, nas experiências simuladas realizadas, relação entre a racionalidade individual dos membros da equipe e o desempenho coletivo dela. De acordo com o segundo, as heurísticas e os vieses que afetam a tomada de decisão e algumas nuances da natureza do processo de tomada de decisão em grupo se mostraram mais capazes de influenciar o resultado final de cada equipe na atividade. Quando trabalharam em conjunto, Oliveira e Sauaia (2008) examinaram como o jogo pode tratar simultaneamente questões racionais e emocionais dos participantes.

Madkur et al. (2008), por sua vez, analisaram diferentes dimensões do comportamento grupal e individual perante a constituição de equipes em um jogo de empresas, utilizando diferentes estilos de aprendizagem. Resultados significativos foram obtidos em relação às habilidades e conhecimento adquiridos pelos participantes.

Sauaia (2004, 2006) e Sauaia e Umeda (2005) utilizaram o ambiente de laboratório empresarial para verificar e propor que resultados individuais não constituem garantia de um bom desempenho coletivo no contexto organizacional.

Em suma, a proposta de Sauaia (2008) consiste em suprir duas lacunas existentes na administração de empresas ao tentar: (i) recuperar o caráter sistêmico das organizações perdido na subdivisão dos problemas organizacionais nos livros didáticos e disciplinas teóricas; e (ii) fazer com que os participantes da atividade fujam do conhecimento memorizado e migrem para o aplicado e dinâmico através da proposição e desenvolvimento de pesquisas funcionais, cujos resultados possam ser úteis, se replicados em organizações reais.

Laboratório de Logística

A ideia consiste em estabelecer um Laboratório de Logística, uma estrutura de simulação de ambiente empresarial nos moldes do Laboratório de Gestão,[20] mas cujo motor é o BR-LOG.

O jogo pode ser aplicado de forma presencial ou remota, neste caso com os participantes enviando suas decisões semanalmente por e-mail para o aplicador, que roda o simulador e devolve os relatórios para as equipes, também semanalmente e por e-mail. Os participantes precisam usar algo em torno de duas horas semanais para tomar as decisões.

Através dessa estrutura e por meio da aplicação do jogo junto a profissionais e estudantes, podem ser feitos vários experimentos e testados diversos elementos de pesquisa. O laboratório é voltado para a área de logística como um todo, mas pode ser eventualmente aplicado em subáreas específicas.

Os resultados dos testes desses elementos de pesquisas podem ser comparados às conclusões teóricas e empíricas (mas não experimentais) encontradas na literatura acerca dos elementos envolvidos na análise e da sua influência no mundo real, assim como fizeram Lima e Sauaia (2008) em relação ao impacto do investimento em P&D nos resultados empresariais.

Por exemplo, uma motivação pode ser tentar descobrir por que um formato de ensino/treinamento com tantos benefícios potenciais enfrenta um nível de aceitação menor do que o esperado perante profissionais, coordenadores acadêmicos, professores e alunos — a mesma constatação que motivou o trabalho de Neves e Lopes (2008). De forma semelhante ao que foi feito no trabalho de Oliveira e Sauaia (2008), é possível investigar qual é a real aceitabilidade dos jogos junto a esses públicos.

O formato da atividade presencial em si apresenta potencial para influenciar os resultados da experiência pedagógica. Portanto, algumas características da aplicação do jogo podem ser modificadas em cada oportunidade com vistas a uma análise de sensibilidade para procurar verificar o real impacto didático de cada uma delas, como:

» duração (número de rodadas);

» intervalo entre rodadas;

20 SAUAIA, 2007, 2008.

» presença (ou não) do moderador (aplicação presencial versus à distância);

» nível de complexidade;

» disponibilidade das informações (clareza e nível de detalhamento do Manual do Jogador);

» fornecimento (ou não) de ferramentas de apoio à decisão por parte do moderador.

Em relação ao último item, nas aplicações em que não for fornecida nenhuma ferramenta, podem ser solicitadas pelo moderador, a cada rodada, planilhas de apoio confeccionadas pelas equipes, com o objetivo de exercitar e medir a capacidade dos participantes em elaborar ferramentas de apoio à decisão diante de situações empresariais.

Outra ideia consiste em investigar como algumas das características dos alunos participantes da atividade influenciam o desempenho das empresas por eles gerenciadas no jogo:

» instituição/unidade acadêmica;

» nível do curso (graduação, especialização, pós *lato sensu*, mestrado, doutorado);

» o curso em si (administração, engenharia de produção, economia, logística);

» maturidade do aluno dentro do curso (proporção da carga horária já cursada perante a total).

Uma característica do participante que merece atenção especial foi explorada por Sauaia (2003) e Oliveira (2008). Os estudos revelaram não ter havido nas amostras pesquisadas correlação significativa entre a racionalidade individual dos participantes e o desempenho coletivo das equipes por eles formadas no ambiente simulado do jogo. Pode ser interessante pesquisar por que (se isso for mesmo verdade) os melhores alunos (com os melhores índices de desempenho acadêmico das universidades, que, em princípio, capturam a racionalidade individual) não apresentam, necessariamente, o melhor desempenho nos jogos de empresas.

Talvez o coeficiente de rendimento do aluno não esteja medindo direito as habilidades esperadas em um bom profissional; talvez os jogos não reflitam a realidade e, assim, não capturem corretamente a existência ou não dessas habilidades nos participantes; ou talvez ainda o desempenho de uma equipe (em um jogo ou na realidade) não dependa apenas da qualidade individual dos seus componentes, mas seja influenciado também pela harmonia e complementaridade dos seus integrantes, com o que concordam Sauaia (2004, 2006) e Sauaia e Umeda (2005).

Pode ser feito um esforço para construir um indicador que meça o quão harmônica está uma equipe, através de experimentos no Laboratório de Logística. Esse índice de harmonização poderia ser importante para nortear a formação de equipes de Logística nas empresas reais, o mesmo objetivo do trabalho de Madkur et al. (2008), que, no entanto, não apresenta especificidade para a área de logística.

De acordo com Oliveira (2008), as heurísticas que afetam a escolha dos decisores e os vieses de decisão dos integrantes de uma equipe também são capazes de influenciar o desempenho dela e, portanto seriam investigados para também orientar a composição de equipes ideais. De forma geral, os experimentos do laboratório podem procurar responder, conforme discutiram Oliveira e Sauaia (2008), como o jogo pode tratar simultaneamente questões racionais e emocionais dos participantes e como as dimensões técnica e humana na tomada de decisão podem ser integradas.

Da mesma forma, e segundo Roberto (2003), Sauaia (2004) e Oliveira (2008), o processo de tomada de decisão em grupo tem capacidade de impactar a performance das equipes na execução das suas atividades; por esse motivo, constitui mais um potencial objeto de investigação durante os experimentos.

Ainda para explorar o tema de formação das equipes, alguns outros elementos de pesquisa podem ser testados por intermédio da medição do seu impacto no desempenho durante o jogo, como:

» o tamanho das equipes;

» o fato de os participantes (des)conhecerem previamente os colegas de equipe;

» o fato de os membros das equipes (des)conhecerem previamente seus concorrentes (as outras equipes).

Finalmente, não há por que não fazer uso do ambiente de simulação (onde errar é permitido, sem incorrer em custos reais) para testar a eficácia de estratégias empresariais. Tendo como inspiração os trabalhos de Sauaia (2004), Silva e

Sauaia (2008) e Lima e Sauaia (2008), o Laboratório de Logística pode incentivar diferentes equipes a utilizarem diferentes modelos estratégicos da literatura, de forma que se possa inferir sua efetividade através do resultado final da empresa gerenciada por cada equipe (e orientada por cada estratégia) no jogo. Esses modelos acadêmicos podem envolver:

» política de (des)centralização de estoques;

» concentração x abrangência geográfica;

» estratégia de preços x serviço;

» especialização x diversificação de modais de transporte;

» aquisição de matéria-prima em grandes lotes x manutenção dos estoques em níveis baixos;

» modelo utilizado para a previsão da demanda global e da própria empresa, de forma semelhante ao que propuseram Honaiser e Sauaia e Kallás (2008);

» modelo utilizado para a localização dos centros de distribuição, de forma semelhante ao que propôs Georges (2010);

» abordagem de competição x cooperação x "coopetição" entre as empresas, de forma semelhante à que propuseram Sauaia e Kallás (2003).

As equipes podem ser induzidas a seguir determinadas estratégias/políticas ou pode ser permitido que elas escolham livremente sua orientação. Neste caso, as estratégias seriam identificadas e classificadas *a posteriori*, de modo que a eficácia de cada estilo pudesse ser averiguada.

Esse grau de indução/liberdade de escolha da estratégia pode, inclusive, constituir mais um elemento de pesquisa a ser investigado: qual abordagem faz as equipes alcançarem melhores resultados?

Importantes elementos logísticos de infraestrutura também podem ter seu impacto testado pelo laboratório. Por exemplo, o que aconteceria com o desempenho das empresas se um novo porto ou trecho ferroviário fosse construído, de modo a viabilizar a disponibilidade de algum modal em um novo trecho? Quais seriam os impactos em termos de redução de custo e melhoria de performance logística? Esses impactos compensariam os investimentos?

Após a apresentação do simulador utilizado no Laboratório de Logística, detalhado no próximo capítulo, os capítulos seguintes deste livro apresentam o desenho e o resultado de alguns desses testes, mas não é pretensão dos autores esgotar a lista de possíveis testes a serem realizados no Laboratório de Logística com as sugestões elencadas neste capítulo introdutório, e muito menos com os testes efetivamente executados e apresentados neste livro.

O Simulador BR-LOG

Introdução

Este capítulo apresenta o simulador utilizado no Laboratório de Logística, o **BR-LOG**, consistindo no seu motor operacional.

O **BR-LOG** tem por objetivo o ensino (treinamento) de estudantes (executivos) brasileiros do setor de logística, apresentando custos e distâncias reais no país, assim como a disponibilidade dos modais (ferrovia, navegação) e variáveis como tamanho e importância econômica das cidades. A ideia consiste em explorar bastante o setor de logística e todos os seus conceitos, tendo pouca abrangência em termos de outras áreas da administração. Naturalmente, conceitos de outras áreas (que interfaceiam a logística, como a produção e finanças) também são tratados, só que superficialmente.

Lima (2008) relata que o jogo procura evidenciar a necessidade de uma integração não só entre as funções logísticas, mas também entre estas e a estratégia de marketing, através da simulação de um ambiente competitivo no qual cada equipe é responsável pelo gerenciamento de uma das empresas concorrentes que atuam em mercados comuns.

De forma a explorar boa parte dos desafios estratégicos e operacionais com que o profissional de logística costuma se deparar, o **BR-LOG** baseia-se em um modelo matemático relativamente complexo, porém invisível ao jogador, que deve tomar decisões empresariais de dificuldade média.

Segundo Lima (2008), o jogo trabalha com altos níveis de detalhe das decisões — tratando questões referentes às políticas de preço, de capacidade e de localização de instalações e ao suprimento e transporte de matéria-prima, apoio à produção, distribuição de produtos acabados e estratégia de marketing.

A ferramenta procura ser útil e didática no que diz respeito à assimilação de custos, distâncias, conceitos, técnicas, *trade-offs*. Muitos *trade-offs* são explorados: centralização x descentralização de estruturas; custos de estoque x custos de transporte x custo de aquisição de matéria-prima; preço x serviço prestado; produtos com diferentes pesos e volumes; produtos com maior margem e de tratamento diferenciado (frigorificado); produtos com demanda mais estável e de menor margem; localidades distantes e/ou de pequena expressão econômica com custos atrativos; produtos de alto valor agregado transportados por modais mais rápidos.

De acordo com Azeredo et al. (2006), o jogo é ambientado no Brasil, e as equipes precisam determinar inicialmente a estrutura da rede logística e, depois, tomar decisões operacionais e estratégicas.

As distâncias são verdadeiras, e a disponibilidade dos modais, bem próxima da real, permitindo que os participantes realmente treinem e se tornem capazes de "fazer logística" no Brasil. Assim, para um (futuro) executivo brasileiro, talvez seja mais importante verificar se é viável transportar matéria-prima de trem de Belém para Brasília ou se compensa, economicamente, abastecer de produtos acabados uma cidade de tão difícil acesso como Manaus do que saber quanto custa transportar um produto do "Mercado 12" ao "Mercado 27".

Além disso, diferentemente de outros jogos existentes, possibilita o transporte intermodal, os modais aéreo e marítimo, a escolha da localização da(s) fábrica(s), a programação diária da produção, o transporte paletizado, o tratamento de produtos frigorificados, entre outros.

O jogo procura mostrar aos jogadores a importância de fazer um planejamento macrologístico com cuidado, situando corretamente suas instalações, tendo em vista o *trade-off* existente entre a qualidade das localidades (próximas aos fornecedores e/ou aos grandes mercados e bem abastecidas em termos de disponibilidade dos modais) e o custo de aquisição dos terrenos.

Outros *trade-offs* que o jogo tenta fazer os jogadores entenderem dizem respeito: (i) ao uso de paletes nos transportes (diminuindo o tempo e o custo de manuseio, mas também diminuindo a capacidade máxima de carga); (ii) à escolha dos modais (os mais velozes são mais caros e têm menor capacidade de carga); e (iii) à escolha do fornecedor nas matérias-primas que apresentam mais de uma opção (os mais remotos, normalmente, praticam os melhores preços).

Na escolha da estratégia, as equipes devem decidir entre serem competitivas no preço (trabalhando com custos baixos) ou no nível de serviço (entregar todas as encomendas, contando, para tal, com uma vasta abrangência geográfica). Caso decidam abrir mão ou priorizar alguns produtos, devem, para a tomada de decisão, observar as diferentes características de cada um: volume da demanda, margem unitária potencial de lucro e dificuldade administrativa (tratamento frigorificado, sazonalidade mais acentuada). O jogo procura fazer com que os participantes entendam a importância desses aspectos.

O **BR-LOG** procura "imitar" a realidade, mas não passa de uma simulação. Por isso, não corresponde exatamente a ela e não prevê algumas situações que podem acontecer na vida prática. Os custos foram estudados e procuram refletir a realidade, mas podem existir algumas distorções.

As distâncias são verdadeiras, embora algumas aproximações e simplificações tenham sido feitas para tornar o jogo mais viável e de maior conteúdo didático; por exemplo, no jogo é possível ir de navio de Curitiba para outros portos: foi feita a simplificação, considerando Curitiba estar no litoral do estado, o que não é tão distante da realidade. Priorizando a didática e o aprendizado, o modal ferroviário não considera alguns trechos existentes na realidade e disponibiliza alguns que não existem realmente.

Algumas decisões têm suas consequências realizadas instantaneamente ou em um prazo de tempo muito curto, bem menor do que na realidade (como a contratação de operários e o aumento de capacidade dos armazéns). Novamente, tudo com o intuito de tornar o jogo mais viável e evitar aumentar a sua complexidade sem benefícios.

O jogo não prevê incertezas (presentes na realidade) nos prazos e na execução dos transportes. As demandas são razoavelmente previsíveis, caso seja feito um estudo detalhado, embora envolvam alguma incerteza.

A interação que há entre os jogadores e a influência dessa interação nos resultados do jogo trazem outro componente de incerteza para os participantes, já que é difícil prever o que os concorrentes vão fazer. Isso acaba se tornando um grande atrativo do jogo, já que acarreta um alto grau de motivação dos participantes decorrente da competição entre as equipes. O fato de os mercados serem comuns e de as equipes disputarem uma parcela desses mercados faz com que o resultado de cada período não seja fruto apenas de suas decisões, mas também das decisões e das estratégias dos demais grupos. Assim, uma determinada empresa pode, por exemplo, aproveitar o problema de disponibilidade de produto de um dos seus competidores para ganhar mercado. Consequentemente, cada grupo tem a oportunidade de aprender não apenas com os seus erros e acertos, mas também com os da concorrência.[1]

A aplicação do jogo terá cumprido a sua missão se, ao final, os participantes tiverem aprendido, além dos conceitos citados: (i) as vantagens e desvantagens de possuir vários ou poucos CDs; (ii) a importância de programar bem a produção; (iii) o custo alto de fazer alterações na infraestrutura *a posteriori* (ressaltando a importância de um bom planejamento inicial); e (iv) a possibilidade dos ganhos com a exploração da intermodalidade.

Pelo fato de apresentar uma certa complexidade (que acarreta muitas decisões a serem tomadas e muitas ferramentas de apoio a serem utilizadas), o jogo não é muito adequado para iniciantes no assunto. O ideal é que seja utilizado por executivos especialistas (ou que venham a sê-lo) ou estudantes focados em logística e que tenham uma boa quantidade de tempo que possa ser dedicado à atividade.

O Jogo

Contexto

Quatro empresas convivem em um oligopólio, disputando o mercado brasileiro através da venda de cinco diferentes produtos: A, B, C, D e E (o produto B é perecível e exige tratamento especial: armazenagem e transporte frigorificados). Cada empresa é administrada por uma equipe que, exercendo o papel da diretoria, tomará decisões logísticas e de outras áreas de interface (por exemplo, produção e marketing).

O objetivo de cada equipe é administrar da melhor maneira a sua empresa, de modo a conseguir o maior lucro possível. A equipe vencedora será aquela que, ao final do jogo, tiver acumulado o resultado financeiro mais positivo. Não se sabe, *a priori*, quando o jogo terminará, ficando a critério do árbitro a duração

---

1 LIMA, 2008.

dele. Isso evita que as equipes utilizem "táticas de fim de jogo" para ganhá-lo, forçando as empresas a sofrerem uma administração com continuidade.

Em um primeiro momento, as equipes decidem sobre a macroestrutura logística e fabril da empresa (localização das fábricas e dos CDs, tamanho dos CDs e capacidade produtiva das fábricas). Esta etapa é muito importante, porque nenhuma fábrica ou CD poderá ser aberto ou ter sua localização alterada após as decisões iniciais. Por isso, as equipes devem dedicar atenção especial a esse momento, pois ele poderá influenciar fortemente o desempenho das empresas. Após o *set-up* inicial e no decorrer do jogo, cada equipe deverá tomar decisões semanais (do ponto de vista da cronologia da empresa) estratégicas (alteração de capacidade) e operacionais (determinação dos preços, aquisição de matéria-prima, programação da produção e transportes), após receber o resultado da interação das suas decisões com as das outras equipes na semana anterior.

No sentido de auxiliar em uma melhor orientação estratégica, cada equipe recebe, antes do início do jogo, uma planilha que contém dois tipos de informação:

» um histórico (semanal dos 2 últimos anos; cada ano tem 48 semanas) de demanda de cada um dos 5 produtos em cada um dos 25 atacadistas;

» uma matriz de distâncias (km) entre as 25 cidades, para cada um dos 4 modais de transporte, em que ND significa que aquele modal não está disponível para aquele trecho.

As equipes devem utilizar o histórico de demanda para projetar as demandas futuras e a matriz de distâncias para embasar a confecção da macroestrutura logística.

OS PRODUTOS E AS MATÉRIAS-PRIMAS

Para produzir os cinco produtos, são necessárias cinco matérias-primas: 1, 2, 3, 4 e 5 (cada uma com quantidade — em gramas — diferente em cada produto) e algumas horas de fabricação por unidade, conforme a Tabela 2.1.

TABELA 2.1. **COMPOSIÇÃO, PESO E QUANTIDADE DE HORAS NECESSÁRIAS PARA A FABRICAÇÃO DOS PRODUTOS**

PRODUTO ACABADO / MATÉRIA-PRIMA	A	B*	C	D	E
1	3.000				
2	200	300	500	100	450
3	300	100	500	50	25
4	500		7.000		25
5		600		50	
Peso total (g)	4.000	1.000	8.000	200	500
Horas de fabricação p/ unidade	10	2,5	1	0,5	0,5

FONTE: Elaboração própria.
* O produto B requer tratamento frigorificado: toda vez que for transportado, isso será feito por um veículo frigorificado; toda vez que for fabricado ou transferido para um armazém, será estocado na área frigorificada.

As empresas podem adquirir cada uma dessas matérias-primas com, geralmente, dois diferentes fornecedores, situados em cidades diferentes e que trabalham com preços diferentes, conforme descrito na Tabela 2.2 (sobre esses preços, será aplicado um desconto de 10% para a quantidade que exceder três toneladas — por exemplo: na compra de 5t, 3t serão adquiridas pelo preço listado, e 2t pelo preço listado × 90%).

TABELA 2.2. **DISPONIBILIDADE E PREÇO DOS FORNECEDORES DE MATÉRIA-PRIMA**

MATÉRIA-PRIMA	FORNECEDOR	CUSTO (R$ POR TONELADA)
1	Campo Grande	4.800
2	Joinville	1.280
2	Ribeirão Preto	1.600
3	Belo Horizonte	720
3	Belém	400
3	Fortaleza	600
4	Santos	440
4	Rio de Janeiro	520
5	Porto Alegre	4.800
5	Curitiba	6.400

FONTE: Elaboração própria.

Os produtos finais podem ser vendidos (os preços são de escolha da empresa, dentro de uma certa faixa) a 25 atacadistas, espalhados nas principais cidades brasileiras (um por cidade). Essas 25 cidades correspondem às possibilidades de localização das fábricas e CDs, e é em um subconjunto delas que os fornecedores estão localizados.

Set-up Inicial

Na fase de *set-up* inicial, cada equipe deve decidir:

» quantas fábricas haverá (de 1 a 4);

» características de cada fábrica;

» localização;

» quantidade de máquinas (máximo = 100);

» quantidade de operários;

» área dos armazéns anexos de matéria-prima e de produtos acabados (frigorificados e comuns);

» quantos CDs haverá (máximo = 8);

» características de cada;

» localização;

» área dos armazéns de produtos acabados (frigorificados e comuns).

Um exemplo fictício de configuração inicial pode ser visualizado na Figura 2.1, tendo sido os valores introduzidos na própria planilha de *input* dessas informações.

FIGURA 2.1. **DECISÕES INICIAIS DE *SET-UP***

CONFIGURAÇÃO DAS FÁBRICAS

| Fábrica | Localização | Número de máquinas | Área dos armazéns (em m²) | | | Número de operários |
			Matéria--prima	Produtos acabados	Produtos acabados (F)	
1	Curitiba	100	100		100	300
2	Campo Grande	100	60	15		300
3	Belo Horizonte	50	40	5	20	100
4	Recife	50	40	5	20	100

CONFIGURAÇÃO DOS CDs

| Fábrica | Localização | (em m²) | |
		Área comum	Área frigorificada
1	Porto Alegre	1	3
2	Belém	3	18
3	São Paulo	4	24
4	Rio de Janeiro	2	12
5	Salvador	1	6
6	Fortaleza	1	6
7	Brasília	1	9
8			

FONTE: Elaboração própria.

No caso de múltiplas fábricas em uma mesma empresa, a localização delas não pode ser coincidente. No momento de determinar o número de máquinas em cada fábrica, caso a equipe selecione um número maior do que 100, a capacidade operacional daquela fábrica corresponderá à de uma com 100 máquinas (isso é válido para qualquer momento do jogo!). Cada máquina pode trabalhar até 24 horas por dia (caso haja 3 operários disponíveis para ela, cada operário trabalha 8 horas por dia, recebendo um salário de R$40 por semana, ou R$1 por hora). Sem utilização de hora extra, cada máquina tem capacidade para trabalhar (com 3 operários) 120 (= 24 × 5) horas por semana. Os operários podem trabalhar até 8 horas no sábado (ao custo de R$1,50 por hora) e até 8 horas no domingo (R$2 por hora), podendo, portanto, trabalhar até 56 horas por semana, possibilitando que cada máquina trabalhe até 168 (= 56 × 3) horas por semana. Por exemplo, uma fábrica com 10 máquinas e 20 operários pode trabalhar até 800 (= 20 operários × 40 horas por semana) horas por semana (sem hora extra); já uma fábrica com 4 máquinas e 15 operários pode trabalhar até 672 (= 4 máquinas × 168 horas por semana) horas por semana (com hora extra). Vale dizer que o contingente de operários com que a equipe deseja contar em cada fábrica é contratado instantaneamente, e as despesas referentes a esse processo são debitadas automaticamente na D.R.E. (demonstração do resultado do exercício).

Cada fábrica deve ter armazéns anexos de matéria-prima e produto acabado. Nesta fase inicial, devem ser determinadas as suas capacidades. Para todos os armazéns (anexos e CDs), o pé-direito corresponde a 2m, e o volume utilizável para armazenagem a 10% do volume total. Então, um armazém de 1.000m² de área terá 2.000m³ (= 1.000 × 2) de volume bruto e 200m³ (= 2.000 × 10%) de capacidade de armazenagem.

Para um melhor dimensionamento de capacidade, a Tabela 2.3 apresenta a relação de densidades (d = toneladas por m³) de cada um dos dez itens (matérias-primas e produtos acabados) armazenáveis, em que M1...M5 são as matérias-primas e PA...PE são os produtos acabados.

TABELA 2.3. **DENSIDADE DAS MATÉRIAS-PRIMAS E DOS PRODUTOS**

ITEM	M1	M2	M3	M4	M5	PA	PB	PC	PD	PE
d (t/m³)	10,000	1,000	0,170	0,300	0,100	1,000	0,125	0,267	0,050	0,500

FONTE: Elaboração própria.

As matérias-primas são adquiridas em toneladas. Cada unidade de produto acabado pesa o equivalente ao peso das matérias-primas que a compõem (por exemplo, 1 unidade do produto A pesa 3.000 + 200 + 300 + 500 = 4.000 gramas).

Cada empresa pode ter até 8 centros de distribuição espalhados pelo país, desde que suas localizações não coincidam entre si nem com as das fábricas. Em cada CD só podem ser armazenados produtos acabados (frigorificados ou não), e o aspecto da capacidade funciona da mesma maneira que nos armazéns anexos. A matéria-prima só pode ser armazenada junto às fábricas.

Toda estrutura (fábrica, armazéns anexos e CDs) construída ocupa uma área, e um terreno na localidade escolhida deve ser adquirido. A aquisição é automática, e o custo é debitado na D.R.E. No caso dos armazéns e CDs, a área do terreno a ser adquirido corresponde à própria área dos armazéns. No caso das fábricas, cada máquina ocupa uma área de 50m². Para uma fábrica com 15 máquinas, um terreno de 750m² (= 50 × 15) será adquirido.

O custo de aquisição dos terrenos varia em função de sua área e localização. As 25 cidades foram divididas em 7 níveis econômicos (de 1 a 7, sendo que as cidades do nível 7 são as menos desenvolvidas). Esses níveis, além de influenciar os custos de transporte (conforme será melhor explicado mais adiante), determinam os custos por m² dos terrenos em cada cidade e estão listados na Tabela 2.4.

TABELA 2.4. **NÍVEL ECONÔMICO DAS CIDADES**

	NE	CIDADE	NE	CIDADE	NE
PORTO ALEGRE	4	Vitória	6	São Luiz	7
JOINVILLE	6	Belo Horizonte	3	Fortaleza	3
CURITIBA	4	Uberlândia	6	Natal	5
SANTOS	6	Campo Grande	7	João Pessoa	5
SÃO PAULO	1	Cuiabá	6	Recife	4
CAMPINAS	4	Goiânia	5	Maceió	5
RIBEIRÃO PRETO	5	Brasília	3	Salvador	3
	5	Manaus	7	Vitória da Conquista	7
RIO DE JANEIRO	2	Belém	7		

FONTE: Elaboração própria.

O custo do m² de terreno em cada cidade é dado pela fórmula: $C = 56 - 6 \times NE$, em que C é o custo do m² em R$ e NE é o nível econômico da localidade. Assim, por exemplo, o m² em Curitiba ($NE = 4$) custa $56 - 6 \times 4 = R\$32$, e em São Luís ($NE = 7$) $56 - 6 \times 7 = R\$14$.

As Decisões Semanais

Após essas decisões serem tomadas, os terrenos são adquiridos, as fábricas e armazéns construídos, as máquinas instaladas, e os operários contratados. A partir desse momento, o jogo entra em um regime mais dinâmico. A cada semana, as equipes recebem uma planilha, que está dividida em duas partes:

RELATÓRIOS

As cinco primeiras pastas são relatórios de informação sobre o desempenho na semana anterior: Vendas; D.R.E.; Ativos; Encomendas; e Pesquisa de Preço.

O relatório de **Vendas** mostra as unidades vendidas de cada produto para cada atacadista, assim como a receita financeira, conforme exemplo fictício exibido na Figura 2.2.

FIGURA 2.2. **RELATÓRIO DE VENDAS**

Atacadista	Unidades vendidas						Receita (R$)					
	A	B	C	D	E	Total	A	B	C	D	E	Total
Porto Alegre	-	106	-	-	-	106	-	6.890,00	-	-	-	6.890,00
Joinville	9	30	-	-	-	39	2.250,00	1.950,00	-	-	-	4.200,00
Curitiba	37	114	-	-	-	151	9.250,00	7.410,00	-	-	-	16.660,00
Santos	9	35	-	-	-	44	2.250,00	2.275,00	-	-	-	4.525,00
São Paulo	231	812	-	-	-	1.043	57.750,00	52.780,00	-	-	-	110.530,00
Campinas	20	72	-	-	-	92	5.000,00	4.680,00	-	-	-	9.680,00
Ribeirão Preto	11	41	-	-	-	52	2.750,00	2.665,00	-	-	-	5.415,00
Rio de Janeiro	110	520	-	-	-	630	27.500,00	33.800,00	-	-	-	61.300,00
Vitória	6	27	-	-	-	33	1.500,00	1.755,00	-	-	-	3.255,00
Belo Horizonte	47	179	-	-	-	226	11.750,00	11.635,00	-	-	-	23.385,00
Uberlândia	9	35	-	-	-	44	2.250,00	2.275,00	-	-	-	4.525,00
Campo Grande	13	51	-	-	-	64	3.250,00	3.315,00	-	-	-	6.565,00
Cuiabá	8	35	-	-	-	43	2.000,00	2.275,00	-	-	-	4.275,00
Goiânia	21	85	-	-	-	106	5.250,00	5.525,00	-	-	-	10.775,00
Brasília	38	140	-	-	-	178	9.500,00	9.100,00	-	-	-	18.600,00
Manaus	22	-	-	-	-	22	5.500,00	-	-	-	-	5.500,00
Belém	22	106	-	-	-	128	5.500,00	6.890,00	-	-	-	12.390,00
São Luís	13	65	-	-	-	78	3.250,00	4.225,00	-	-	-	7.475,00
Fortaleza	40	197	-	-	-	237	10.000,00	12.805,00	-	-	-	22.805,00
Natal	13	63	-	-	-	76	3.250,00	4.095,00	-	-	-	7.345,00
João Pessoa	10	46	-	-	-	56	2.250,00	2.990,00	-	-	-	5.490,00
Recife	26	116	-	-	-	142	6.500,00	7.540,00	-	-	-	14.040,00
Maceió	14	65	-	-	-	79	3.500,00	4.225,00	-	-	-	7.725,00
Salvador	44	207	-	-	-	251	11.000,00	13.455,00	-	-	-	24.455,00
Vitória da Conquista	4	19	-	-	-	23	1.000,00	1.235,00	-	-	-	2.235,00
Total	777	3.166	-	-		**3.943**	194.250,00	205.790,00	-	-	-	**400.040,00**

FONTE: Elaboração própria.

O relatório **D.R.E.** mostra o resultado financeiro (receita e custos) da semana anterior e acumulado, conforme exemplo fictício exibido na Figura 2.3.

FIGURA 2.3. **D.R.E.**

Semana	0	1	2	3	4	Acumulado
Receita de Vendas	-	-	-	-	400.040,00	400.040,00
Aquisição de terrenos	420.350,00	-	-	-	-	420.350,00
Contratação/demissão de operários	128.000,00	-	16.000,00	-	-	144.000,00
Alteração de capacidade	-	-	-	-	-	-
Salário dos operários	-	32.000,00	36.000,00	36.000,00	36.000,00	140.000,00
Horas extras	-	-	-	-	-	-
Transportes	-	4.676,50	2.376,33	-	5.343,80	12.396,62
Handling	-	25.69	7,11	-	3,37	36.17
Custo fixo dos armazéns	-	1.071,00	1.071,00	1.071,00	1.071,00	4.284,00
Handling nos armazéns	-	68,52	98,56	-	28,53	195,61
Custo fixo das fábricas	-	19.000,00	19.000,00	19.000,00	19.000,00	76.000,00
Fabricação	-	36.800,00	72.000,00	72.000,00	72.000,00	252.800,00
Aquisição de matéria-prima		126.721,47	500,00	405.860,40	5.328.625,50	5.861.707,37
Carregamento de estoque	-	6.260,52	19.837,60	29.134,81	37.485,22	92.718,15
Total de custos	**548.350,00**	**226.623,70**	**166.890,60**	**563.066,21**	**5.499.557,41**	**7.004.487,93**
Resultado	**(548.350,00)**	**(226.623,70)**	**(166.890,60)**	**(563.066,21)**	**(5.099.517,41)**	**(6.604.447,93)**

FONTE: Elaboração própria.

O relatório de **Ativos** mostra todas as facilidades (fábricas e armazéns) da empresa e suas capacidades (de produção e de armazenagem, respectivamente), além das matérias-primas e produtos acabados armazenados no momento, conforme exemplo fictício exibido na Figura 2.4. O relatório assinala em vermelho os armazéns cuja ocupação supera 80% da capacidade.

FIGURA 2.4. **FOTOGRAFIA DOS ATIVOS**

	Fábrica 1	Fábrica 2	Fábrica 3	Fábrica 4	CD1	CD2	CD3	CD4	CD5	CD6	CD7	CD8
Localização	Curitiba	Campo Grande	Belo Horizonte	Recife	Porto Alegre	Belém	São Paulo	Rio de Janeiro	Salvador	Fortaleza	Brasília	
Número de máquinas	100	100	50	50	0	0	0	0	0	0	0	0
Número de operários	300	300	100	100	0	0	0	0	0	0	0	0
Capacidade (KI) do armazém de MP	100,00	60,00	40,00	40,00	0	0	0	0	0	0	0	0
Matéria-prima 1 (KI)	-	0,78	0,16	0,18	0	0	0	0	0	0	0	0
Matéria-prima 2 (KI)	4,14	0,86	0,83	0,89	0	0	0	0	0	0	0	0
Matéria-prima 3 (KI)	1,84	4,61	2,45	2,61	0	0	0	0	0	0	0	0
Matéria-prima 4 (KI)	-	5,47	1,47	1,53	0	0	0	0	0	0	0	0
Matéria-prima 5 (KI)	72,72	-	12,12	13,08	0	0	0	0	0	0	0	0
Operação (KI) do armazém de MP	78,69	11,72	17,03	18,29	0	0	0	0	0	0	0	0
Capacidade (KI) do armazém de PA	-	15,00	5,00	5,00	1,00	3,00	4,00	2,00	1,00	1,00	1,00	-
Produto acabado A (KI)	-	2,88	0,48	0,32	-	-	-	-	-	-	-	-
Produto acabado C (KI)	-	-	-	-	-	-	-	-	-	-	-	-
Produto acabado D (KI)	-	-	-	-	-	-	-	-	-	-	-	-
Produto acabado E (KI)	-	-	-	-	-	-	-	-	-	-	-	-
Operação (KI) do armazém de PA	-	2,88	0,48	0,32	-	-	-	-	-	-	-	-
Capacidade (KI) do armazém de PA (F)	100,00	-	20,00	20,00	3,00	18,00	24,00	12,00	6,00	6,00	9,00	-
Produto acabado B (KI)	23,04	-	3,84	2,56	-	-	-	-	-	-	-	-

FONTE: Elaboração própria.

O relatório de **Encomendas** mostra quanto cada atacadista encomendou para a empresa, em termos de unidades de cada um dos cinco produtos acabados, conforme exemplo fictício exibido na Figura 2.5.

FIGURA 2.5. **ENCOMENDAS**

Atacadista	Unidades encomendadas				
	A	B	C	D	E
Porto Alegre	29	106	105	342	1.021
Joinville	9	30	31	92	308
Curitiba	37	114	121	321	1.211
Santos	9	35	33	118	318
São Paulo	231	812	817	2.546	8.036
Campinas	20	72	72	225	710
Ribeirão Preto	11	41	41	134	401
Rio de Janeiro	110	520	471	1.960	4.370
Vitória	6	27	25	101	235
Belo Horizonte	47	179	175	598	1.692
Uberlândia	9	35	33	118	318
Campo Grande	13	51	50	171	483
Cuiabá	8	35	32	125	306
Goiânia	21	85	81	290	779
Brasília	38	140	138	452	1.347
Manaus	22	113	100	444	911
Belém	22	106	95	408	872
São Luís	13	65	57	254	521
Fortaleza	40	197	176	756	1.616
Natal	13	63	57	238	531
João Pessoa	10	46	42	168	392
Recife	26	116	107	429	1.000
Maceió	14	65	59	245	547
Salvador	44	207	187	778	1.735
Vitória da Conquista	4	19	17	71	152

FONTE: Elaboração própria.

Essa encomenda deve ser entregue exatamente no dia da semana indicado pelo atacadista, caso contrário não será aceita.

Os atacadistas reativam a concorrência, revelando — **no relatório de pesquisa de preço** — os preços praticados por cada empresa (para os cinco produtos).

DECISÕES DA SEMANA (INPUTS)

As outras pastas são onde a equipe deve registrar suas decisões da semana corrente:

PREÇOS

Nesta pasta é que a equipe informa que preço ela praticará para cada produto. É interessante perceber que o mesmo preço do produto será praticado em todos os atacadistas. Esses preços vão influenciar as encomendas de cada produto que os atacadistas farão para cada empresa para a semana seguinte. Os preços só devem ser preenchidos a partir da semana 3, pois a demanda só começa na semana 4. Os preços de cada produto só podem variar dentro da faixa que vai de 70% até 130% do preço-padrão de cada um, conforme a Tabela 2.5.

TABELA 2.5. **PREÇO-PADRÃO DOS PRODUTOS**

PRODUTO	A	B	C	D	E
Preço-padrão (R$)	170,00	45,00	17,00	8,00	5,50

Fonte: Elaboração própria.

Um exemplo fictício de escolha de preços pode ser visualizado na Figura 2.6, tendo sido os valores introduzidos na própria planilha de *input* dessas informações.

FIGURA 2.6. **DEFINIÇÃO DOS PREÇOS**

Semana 3
PREÇO DOS PRODUTOS NOS ATACADISTAS (em R$)

Produto	A	B	C	D	E
Preço	R$250,00	R$65,00	R$21,00	R$10,00	R$7,00

Fonte: Elaboração própria.

ALTERAÇÃO DA INFRAESTRUTURA

Nesta pasta, a equipe pode alterar (aumentar ou diminuir) a área (comum ou frigorificada) de cada armazém (anexo ou CD) e aumentar ou diminuir o número de máquinas e operários em cada fábrica. A localização das facilidades não pode ser alterada, assim como não pode ser aberto um novo armazém ou fábrica. A entrada de dados na planilha deve representar a alteração líquida requerida, e não os novos valores desejados; ou seja, no caso da redução da área de um armazém de 100 para 80m², o valor -20 deve ser digitado na planilha, e não o valor 80.

Um exemplo fictício desse tipo de alteração pode ser visualizado na Figura 2.7, tendo sido os valores introduzidos na própria planilha de *input* dessas informações.

No caso de aumento na área dos armazéns e das fábricas, novos terrenos são adquiridos, implicando custo; no caso de redução, nada acontece. Cada armazém alterado implica custo de R$5 mil (R$10 mil no caso frigorificado). Se a alteração consistir em aumento de área, a obra custará R$100 (R$300, se frigorificado) por m²; se consistir em redução, os custos por m² caem pela metade. Cada fábrica com o número de máquinas alterado implica custo de R$5 mil mais R$1 mil por máquina (aumento ou redução). Cada operário contratado custa R$160, e cada demitido, R$320.

No caso de as alterações implicarem número de máquinas, de operários ou áreas negativas, as facilidades assumirão número de máquinas, de operários ou áreas nulas; no entanto, o custo dessas alterações será cobrado integralmente, conforme a encomenda. O mesmo acontecerá no caso de reduções que deixem os armazéns com menos capacidade de armazenagem do que já está lá dentro: o custo será cobrado conforme a encomenda, mas os armazéns ficarão com capacidade suficiente para estocar o que já está lá dentro. Todas essas alterações estão disponíveis instantaneamente.

FIGURA 2.7. **ALTERAÇÃO DA INFRAESTRUTURA**

ALTERAÇÃO DA CAPACIDADE DAS FÁBRICAS

Fábrica	Número de máquinas	Área dos armazéns (em m²)			Número de operários
		Matéria--prima	Produtos acabados	Produtos acabados (F)	
1					
2					
3					50
4					50

ALTERAÇÃO NOS CDs

Fábrica	(em m²)	
	Área comum	Área frigorificada
1		
2		
3		
4		
5		
6		
7		
8		

FONTE: Elaboração própria.

PROGRAMAÇÃO DA PRODUÇÃO

Nesta pasta, a equipe deve informar como deseja alocar as horas de produção disponíveis em cada fábrica em cada um dos cinco dias da semana. A disponibilidade de horas em cada fábrica já foi explicada (função do número de máquinas e operários). Durante os quatro primeiros dias da semana, a capacidade de produção (em horas) é igual. A capacidade do quinto dia (sexta-feira) é igual ao triplo da dos outros dias (porque existe a possibilidade de utilização de horas extras, no sábado e domingo, concentrando o resultado da produção — como simplificação — na sexta-feira).

Um exemplo fictício de programação da produção pode ser visualizado na Figura 2.8; os valores foram introduzidos na própria planilha de *input* dessas informações.

FIGURA 2.8. **PROGRAMAÇÃO DA PRODUÇÃO**

Produto		A	B	C	D	E	Total de horas utilizadas	Capacidade produtiva	Total de horas disponíveis
Horas necessárias para a produção de 1 unidade		10,0	2,5	1,0	0,5	0,5			
Fábrica	Dia	Unidades a serem produzidas							
1	1						0,0	100 máquinas	2.400,0
	2						0,0	300 máquinas	2.400,0
	3		960				2.400,0		2.400,0
	4		960				2.400,0		2.400,0
	5		960				2.400,0		7.200,0
Total 1		0	2.880	0	0	0	7.200,0		16.800,0
2	1						0,0	100 máquinas	2.400,0
	2						0,0	300 máquinas	2.400,0
	3	240					2.400,0		2.400,0
	4	240					2.400,0		2.400,0
	5	240					2.400,0		7.200,0
Total 2		720	0	0	0	0	7.200,0		16.800,0
3	1						0,0	50 máquinas	800,0
	2						0,0	100 máquinas	800,0
	3	40	160				800,0		800,0
	4	40	160				800,0		800,0
	5	40	160				800,0		2.400,0
Total 3		120	480	0	0	0	2.400,0		5.600,0
4	1						0,0	50 máquinas	800,0
	2						0,0	100 máquinas	800,0
	3						0,0		800,0
	4	40	160				800,0		800,0
	5	40	160				800,0		2.400,0
Total 4		80	320				1.600,0		5.600,0
TOTAL		920	3.680				18.400,0		

FONTE: Elaboração própria.

Caso o total de horas utilizado em algum dia seja maior do que o total disponível, aquele total será assinalado em vermelho e deverá ser corrigido. Quando as unidades são produzidas, elas vão instantaneamente para o estoque de produtos acabados do armazém anexo da fábrica (se for o produto B, irão para o armazém frigorificado). Assim, se no dia 3 são produzidas 50 unidades do produto A na fábrica 2, o inventário do armazém anexo da fábrica 2 será incrementado em 50 unidades do produto A, no próprio dia 3. Se não houver espaço no armazém, o produto recém-fabricado irá para o "ar livre" (conforme será melhor explicado no próximo item).

Ao mesmo tempo, é retirado do armazém anexo da fábrica a quantidade de matéria-prima necessária para a fabricação das unidades encomendadas. Caso não haja quantidade de matéria-prima suficiente no armazém anexo, a diferença será adquirida automaticamente em um mercado clandestino, a um custo proibitivo (20 vezes o custo do fornecedor mais caro!). Cada hora de fabricação utilizada custa R$1.

TRANSPORTES

São 8 pastas em que a equipe pode encomendar até 200 transportes — 1 a 25, 26 a 50, ..., 176 a 200. Cada linha corresponde a um transporte encomendado, que custa R$100 (despesas administrativas). Em cada encomenda, a equipe deverá escolher: o modal (navio, trem, caminhão ou avião), qual item será transportado (em cada encomenda, apenas uma variedade pode ser transportada: uma das matérias-primas ou um dos produtos acabados), a quantidade transportada (em toneladas, para matéria-prima; ou em unidades, para produto acabado), o dia (entre os cinco da semana) e a cidade de origem do transporte, a cidade de destino, se o transporte será paletizado e se a entrega será final.

Para escolher o modal, a equipe deve levar em conta as características de cada um, relacionadas na Tabela 2.6.

TABELA 2.6. **VELOCIDADE, CARGA E VOLUME MÁXIMOS E PREÇOS DOS MODAIS**

MODAL	VELOCIDADE	CARGA MÁXIMA	VOLUME MÁXIMO	PREÇO POR T.KM	PREÇO POR KM (CF)
Navio	30 km/h	100 t	700m³	R$0,12	R$5,00
Trem	35 km/h	50 t	150m³	R$0,14	R$3,00
Caminhão	50 km/h	15 t	75m³	R$0,40	R$3,00
Avião	700 km/h	1 t	10m³	R$7,00	R$4,00

Fonte: Elaboração própria.

Nesta tabela, CF significa carga fechada e indica o preço cobrado no caso de transportar a carga máxima do modal. Por exemplo, no caso de encomendar 50 toneladas por trem, o preço cobrado será R\$3 (CF) por quilômetro de distância; no caso de 7 toneladas por caminhão, o preço cobrado será R\$2,80 (= R\$0,40 × 7) por quilômetro de distância; no caso de 80 toneladas por navio, o preço cobrado é o de carga fechada (R\$5 por quilômetro), porque fica mais barato "fechar" o navio do que pagar por tonelada (R\$0,12 × 80 = R\$9,60). No caso de o item transportado ser o produto acabado B, o transporte será frigorificado, e os custos corresponderão ao dobro dos custos indicados na tabela.

No momento de escolher a quantidade transportada, a equipe deve observar os limites de carga e volume do modal e o peso e o volume do item transportado. Caso a quantidade encomendada ultrapasse o limite de carga ou de volume, a quantidade correspondente a esse limite será transportada. Se a equipe quiser, por exemplo, transportar 35 toneladas de MP5 por caminhão, deve encomendar 3 transportes, sendo 2 idênticos (com 15t) e um diferindo apenas na quantidade transportada (5t).

Quando a equipe escolher a origem e o destino da encomenda, deve observar a disponibilidade do modal escolhido para aquele trecho. Caso não esteja disponível, a mensagem "#VALOR" aparecerá no campo dia de destino, e o transporte não será encomendado. Caso a cidade de origem seja de um nível econômico de maior índice (menos desenvolvida) do que o da cidade destino, haverá um desconto sobre os preços da tabela anterior (é uma forma de diminuir a ociosidade das transportadoras utilizando a carga de retorno no sentido de menor fluxo). Esse desconto percentual é dado pela expressão $(NE_o - NE_d) \times 5\%$, em que NE_o é o nível econômico da cidade de origem, e NE_d, o da cidade destino. Por exemplo, no caso do transporte de Recife (NE = 4) para São Paulo (NE = 1), haverá $(4 - 1) \times 5\% = 15\%$ de desconto. No sentido inverso, não há desconto.

Um exemplo fictício de agendamento dos transportes pode ser visualizado na Figura 2.9; os valores foram introduzidos na própria planilha de *input* dessas informações.

FIGURA 2.9. **AGENDAMENTO DOS TRANSPORTES**

Número do transporte	Modal	Carga			Origem		Destino		
		Natureza	Quantidade (em toneladas ou unidades)	Dia	Cidade	Cidade	Dia	Entrega	
1	Navio	Matéria-prima 1	10,000	2	Campo Grande	Campo Grande	2	☐final? ☐paletizada?	
2	Caminhão	Matéria-prima 1	2,000	1	Campo Grande	Belo Horizonte	2	☐final? ☐paletizada?	
3	Caminhão	Matéria-prima 1	2,000	1	Campo Grande	Recife	3	☐final? ☐paletizada?	
4	Navio	Matéria-prima 5	9,000	2	Curitiba	Curitiba	2	☐final? ☐paletizada?	
5	Caminhão	Matéria-prima 2	5,000	2	Joinville	Curitiba	2	☐final? ☐paletizada?	
6	Trem	Matéria-prima 3	0,600	1	Belo Horizonte	Curitiba	2	☐final? ☐paletizada?	
7	Navio	Matéria-prima 3	1,000	1	Belém	Curitiba	8	☐final? ☐paletizada?	
8	Trem	Matéria-prima 2	1,000	1	Ribeirão Preto	Campo Grande	2	☐final? ☐paletizada?	
9	Caminhão	Matéria-prima 3	1,000	1	Belo Horizonte	Campo Grande	2	☐final? ☐paletizada?	
10	Caminhão	Matéria-prima 4	2,000	1	Santos	Campo Grande	2	☐final? ☐paletizada?	
11	Caminhão	Matéria-prima 2	1,000	1	Joinville	Belo Horizonte	2	☐final? ☐paletizada?	
12	Caminhão	Matéria-prima 3	0,500	2	Belo Horizonte	Belo Horizonte	2	☐final? ☐paletizada?	
13	Caminhão	Matéria-prima 4	0,500	1	Santos	Belo Horizonte	2	☐final? ☐paletizada?	
14	Trem	Matéria-prima 5	1,500	1	Curitiba	Belo Horizonte	2	☐final? ☐paletizada?	
15	Caminhão	Matéria-prima 2	1,000	1	Ribeirão Preto	Recife	3	☐final? ☐paletizada?	
16	Navio	Matéria-prima 3	0,500	2	Fortaleza	Recife	3	☐final? ☐paletizada?	
17	Caminhão	Matéria-prima 4	0,500	1	Rio de Janeiro	Recife	3	☐final? ☐paletizada?	
18	Caminhão	Matéria-prima 5	1,500	1	Curitiba	Recife	3	☐final? ☐paletizada?	

FONTE: Elaboração própria.

Se a equipe assinalar **Entrega final** e o item transportado for um produto acabado (caso seja matéria-prima, o atacadista não reconhecerá a encomenda e a mercadoria será perdida), ele será entregue diretamente ao atacadista da cidade destino, como atendimento da encomenda (caso a quantidade transportada seja maior do que a encomenda daquele produto por aquele atacadista para aquela empresa, a diferença será rejeitada pelo atacadista, e a mercadoria, perdida. O mesmo — perda da mercadoria — ocorre no caso de o transporte chegar em um dia da semana diferente do indicado pelo atacadista).

Caso a entrega não seja final, o item transportado irá para o armazém (anexo ou CD; frigorificado, se for o produto B) da empresa naquela localidade. Caso o armazém não suporte (falta de espaço) toda a quantidade ou não haja armazém da empresa naquela cidade, o excedente (ou tudo, no caso da ausência de armazém) será deixado ao "ar livre" naquela localidade. Ele só será desperdiçado no caso de continuar lá até o dia seguinte (o mesmo ocorre com produtos recém-fabricados). Mas ele pode ser recolhido por um outro transporte encomendado exatamente para aquele dia em que foi deixado lá. É aí que reside a possibilidade de transporte intermodal. Por exemplo, a equipe encomenda um transporte de Joinville para o Rio de Janeiro de caminhão e programa — para o dia de chegada do material no Rio de Janeiro — um transporte de navio do Rio de Janeiro para Fortaleza. Isso é possível mesmo que a empresa não possua um armazém no Rio de Janeiro.

A quantidade transportada é retirada do "ar livre" da localidade de origem. Caso não haja quantidade suficiente daquele item ao "ar livre" daquela localidade, a baixa é feita do armazém (caso haja naquela localidade e com material armazenado). Se o "ar livre" e o armazém não suprirem a quantidade encomendada, a diferença é adquirida automaticamente junto ao fornecedor daquela localidade (é dessa forma que se adquire matéria-prima no jogo!). Caso o item seja um produto acabado ou não haja um fornecedor daquela matéria-prima naquela localidade, essa diferença não será transportada. Nesse ponto, é importante tomar cuidado para a situação em que uma fábrica quer adquirir matéria-prima de um fornecedor situado em uma cidade onde a empresa já tenha uma fábrica. Se a empresa já possuir matéria-prima no armazém da fábrica da cidade do fornecedor, o transporte será realizado com a matéria-prima já pertencente à empresa, e nada será adquirido! O procedimento correto é adquirir no fornecedor local, anteriormente, matéria-prima suficiente para as outras fábricas, e não só para a fábrica local.

Se a equipe possuir uma quantidade de produto acabado em alguma cidade e quiser fazer a entrega para um atacadista nesta mesma cidade, basta encomendar um transporte em que as cidades de origem e destino sejam a mesma e assinalar **Entrega final**. O transporte será gratuito, exceto as despesas administrativas de encomenda. O procedimento deve ser o mesmo (a não ser pelo fato de que não se deve assinalar **Entrega final**) no caso de a equipe desejar adquirir matéria-prima de um fornecedor e transportá-la para o seu armazém na mesma cidade.

Cada transporte requer um procedimento de carregamento e descarregamento da mercadoria. Esse manuseio (*handling*) acontece a uma velocidade de 25m^3/h (no caso do transporte não paletizado). Caso a opção **paletizada** esteja assinalada (o transporte paletizado só é possível para produtos acabados), a velocidade será de 35m^3/h. No entanto, a presença dos paletes diminui a carga máxima (em 5%) e o volume máximo (em 20%) dos transportáveis, e a equipe deve estar atenta a esses novos limites. Cada hora de manuseio implica em um custo de R\$2.

O campo **Dia**, de **Destino**, não é de *input* e não deve ser preenchido pela equipe. É um feedback que informa para a equipe o dia em que aquela encomenda chegará ao destino. O cálculo já incorpora o tempo consumido pelo manuseio e, naturalmente, leva em conta a velocidade do modal e a distância do trecho. O valor sofre um arredondamento para se apresentar em dias inteiros. Por exemplo, se as condições implicarem uma chegada para o dia 4,63, a encomenda estará no seu destino no dia 5. No caso de 3,29, o resultado será dia 3.

Além do manuseio dos transportes, existe o manuseio que acontece dentro dos armazéns. Toda vez que algum material entra ou sai de algum armazém (anexo ou CD) da empresa, implicando um custo de R\$1 por m^3 manuseado (porém, não consome tempo durante o transporte porque a atividade é executada pelo pessoal do armazém, imediatamente antes/depois de o transporte chegar). Na verdade, durante a fabricação, a matéria-prima é retirada do armazém anexo, e o produto acabado é depositado no armazém anexo correspondente. Esse manuseio já está incluído no tempo de fabricação de cada unidade do produto e não entra no total do manuseio dentro dos armazéns. Portanto, isso só ocorre quando um transporte retira e/ou deposita algum material de ou em algum armazém. Caso a retirada/depósito seja do/ao "ar livre" ou fornecedor/atacadista, esse manuseio não acontece.

Outros Custos

A simples existência de uma ou mais fábricas e de um ou mais armazéns implica custos fixos de manutenção das facilidades, que são debitados semanalmente na D.R.E.

Para cada fábrica da empresa será cobrada uma despesa de R$1.000 + R$50 por máquina existente. Por exemplo, caso a empresa tenha duas fábricas, uma com 20 máquinas e outra com 50, ela deverá pagar: 1.000 + 50 × 20 + 1.000 + 50 × 50 = R$5.500 por semana.

Para os armazéns (anexos e CDs), os custos fixos são função da área ocupada por eles. Referente a cada m^2 de armazém comum é cobrado R$1,50, e R$3 a cada m^2 de armazém frigorificado. Também há uma despesa periódica de R$1.000 por CD mantido. Essas despesas são cobradas semanalmente na D.R.E.

Existe também um custo de carregamento de estoque. Para cada item em poder da empresa (seja nos armazéns ou em trânsito, nos transportes, a matéria-prima já está em poder da empresa quando ela sai do fornecedor, e o produto acabado só deixa de pertencer à empresa quando chega ao atacadista) ao final de cada dia, é cobrado um custo de carregamento de estoque: 1% do valor-padrão do item.

Esse valor-padrão é o preço-padrão para os produtos acabados e o custo do fornecedor mais caro para as matérias-primas. Para os itens em trânsito, esse custo é cobrado integralmente no início da viagem; por exemplo, no caso de transportar 500 unidades do produto C, em uma viagem que irá do dia 4 ao dia 11, será cobrado, no dia 4, o custo de carregar o material por 7 dias, ou 500 × R$17 × 7 × 1% = R$595.

O material fabril (galpão, máquinas) e os armazéns não incorrem em custos no momento de sua instalação (no *set-up* inicial); apenas as obras no decorrer do jogo custam dinheiro. Isso se deve pelo fato de essas instalações se depreciarem muito pouco e poderem ser utilizadas (e revendidas) ao final da operação da empresa; ou seja, não há despesa, porque o valor do ativo não diminui. Com os terrenos (que consistem nos únicos custos de aquisição de infraestrutura) é diferente, pois a peculiaridade do processo de fabricação prejudica intensamente o solo, reduzindo a zero o valor dos terrenos ocupados. Por isso, não há entrada de caixa quando alguma fábrica ou armazém é reduzido.

A Dinâmica do Modelo

É muito importante que a equipe esteja atenta à sequência de eventos na qual o simulador baseia o andamento do jogo. Depois de juntar as decisões semanais de todas as equipes, o modelo matemático as processa, para cada empresa, na seguinte sequência:

1. realiza — antes do início da semana — as alterações de infraestrutura solicitadas;

2. para cada dia da semana:
   a. a ordem de fabricação do dia é processada (e suas consequências: redução nos estoques de matéria-prima e aumento nos de produto acabado);
   b. chegam os transportes com chegada programada para aquele dia;
   c. partem os transportes com partida programada para aquele dia;

3. as vendas são computadas (a partir da semana 4);

4. os custos são calculados e cobrados;

5. as encomendas para a semana seguinte são determinadas (a partir da semana 3);

6. os preços dos concorrentes são pesquisados e informados nos relatórios.

Vale deixar claro que a sequência do Passo 2 acontece cinco vezes por semana. Explicando: as alterações na infraestrutura acontecem; a fabricação do dia 1 é processada; os transportes chegam no dia 1; os transportes partem no dia 1; a fabricação do dia 2 é processada; os transportes chegam no dia 2; os transportes partem no dia 2; ... ; a fabricação do dia 5 é processada; os transportes chegam no dia 5; os transportes partem no dia 5; as vendas são computadas; ... até o Passo 6.

Dessa forma, pode ser notado que é impossível, por exemplo, fabricar produtos acabados no dia 1 (sem o uso de matérias-primas clandestinas), porque mesmo as matérias-primas encomendadas no dia 1 chegarão, na melhor das hipóteses, no próprio dia 1, mas depois de a fabricação acontecer.

O Mecanismo das Encomendas

Na primeira semana (após o *set-up* inicial), os estoques estão zerados (matéria-prima e produtos acabados), e é o momento de abastecê-los, já que a demanda começa na semana 4.

As vendas funcionam sob encomenda: cada atacadista, em função dos preços praticados (estabelecidos na semana anterior) e do nível de atendimento às encomendas anteriores, fará a sua encomenda para cada empresa, a ser atendida durante a semana, no dia indicado.

Por exemplo, as empresas estabelecem, na semana 3, preços de cada produto para a semana 4 (primeira semana com demanda). Em função somente destes preços (já que não há encomendas anteriores), cada atacadista determinará a encomenda de cada produto, para cada empresa, para a semana 4. Para as semanas seguintes, as encomendas serão determinadas de acordo com os preços praticados por cada fabricante e pela quantidade de produtos que deixou de ser entregue nas semanas anteriores, por cada fabricante. Vale dizer que as semanas mais recentes têm um peso maior na composição desse índice de faltas, e que os atacadistas valorizam mais o nível de serviço (poucas faltas) do que os preços praticados.

O *Report* Pós-jogo

Após a simulação de uma quantidade de semanas determinada pelo moderador, este roda o programa para obter os resultados finais, apresentando-os — na forma de relatórios e gráficos — para os participantes, com o objetivo de discutir as estratégias apresentadas por cada equipe e consolidar o processo de aprendizado experimentado durante a condução do jogo. Dentre os principais relatórios e gráficos apresentados aos participantes ao final da experiência, destacam-se: número de instalações; ocupação das instalações (exemplificado de forma fictícia na Figura 2.10); custos (detalhados por natureza e exemplificados de forma fictícia na Figura 2.11); preços praticados; nível de serviço junto aos principais atacadistas; *market share*; receita de vendas; lucro; resultado final (exemplificado de forma fictícia na Figura 2.12).

FIGURA 2.10. **OCUPAÇÃO MÉDIA DAS INSTALAÇÕES**

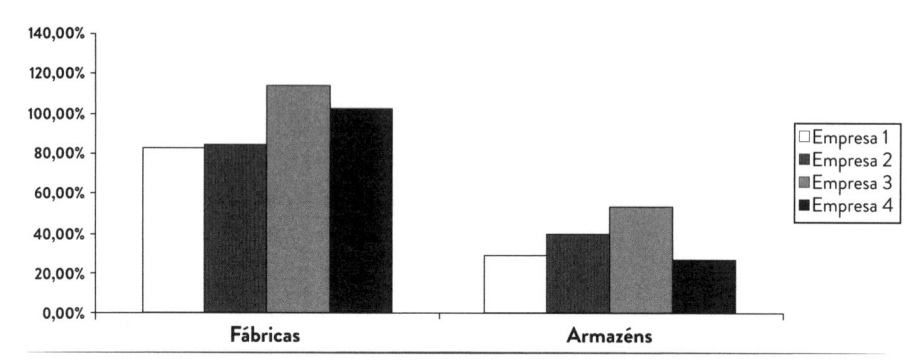

FONTE: Elaboração própria.

FIGURA 2.11. **CUSTOS ACUMULADOS POR EMPRESA**

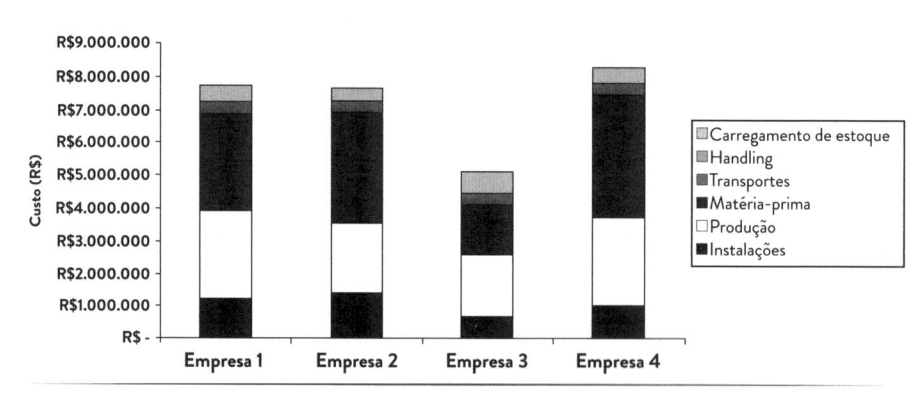

FONTE: Elaboração própria

FIGURA 2.12. **RESULTADO ACUMULADO POR EMPRESA**

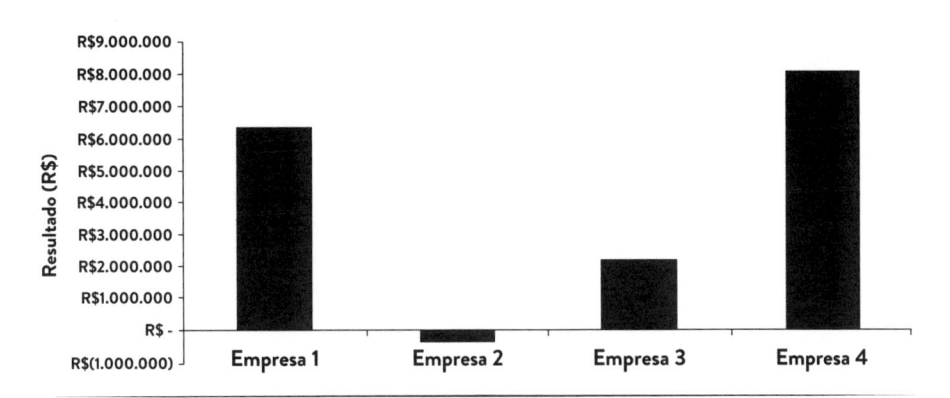

Fonte: Elaboração própria.

Este Capítulo

Procurou ilustrar o funcionamento do simulador utilizado no Laboratório de Logística, o BR-LOG. Detalhes pormenorizados do simulador podem ser encontrados em Bouzada (2001).

A próxima parte do livro apresenta os dois primeiros testes realizados pelo Laboratório de Logística que visaram verificar questões pedagógicas da aplicação do jogo.

PARTE 2

ASPECTOS PEDAGÓGICOS

Validando o BR-LOG como Instrumento Pedagógico

Introdução

Embora o sistema educacional tenha verificado um efetivo aumento de produtividade nos últimos anos, os dados ainda mostram que uma parcela importante (35%) dos alunos ingressantes não conclui o curso superior. Esse elevado índice de evasão reforça a importância da pesquisa acerca de métodos educacionais.[1]

Por muitos anos, o processo de ensino-aprendizagem teve na aula expositiva a principal maneira de transmitir o conhecimento. Por essa metodologia de ensino, o conteúdo é apresentado pela exposição contínua de um professor, e, na grande maioria das vezes, não há interação direta com os alunos, já que muitos deles apenas ouvem e anotam pontos supostamente pertinentes. A aula expositiva, atualmente, é criticada por muitos educadores, já que não incentiva a participação efetiva dos alunos por meio de discussão.

Hoje em dia, existe uma grande variedade de métodos de ensino que um professor pode usar em sala na área de administração: aulas expositivas, exercícios, jogos, estudos de caso, discussões em grupos, entre outros. A escolha do método deve levar em conta o conteúdo que será apresentado, o tipo de matéria que será lecionada, o estilo do professor e o tipo de aluno. A escolha do método

1 MURITIBA; SAUAIA; MURITIBA, 2006.

mais adequado contribuirá para a obtenção dos melhores resultados em termos do aprendizado dos alunos.[2]

Já que a escolha do método deve considerar a natureza da disciplina a ser ministrada, que método deve ser escolhido para uma disciplina como a logística, que envolve e exige dos alunos raciocínio lógico e manuseio de variáveis quantitativas? Tal pergunta se torna ainda mais necessária em um país de dimensões continentais, como o Brasil, onde as atividades logísticas envolvem cifras financeiras muito elevadas e demandam um prazo muito longo para a modificação das macroestruturas, fazendo com que erros de gerenciamento proporcionados por um processo de aprendizagem conduzido de forma insatisfatória custem muito caro à operação real das empresas dos malformados gestores.

A pesquisa apresentada neste capítulo procurou testar a efetividade da metodologia dos jogos de empresas (*business games*) enquanto resposta para a pergunta proposta.

Os testes no Laboratório de Logística tiveram como objetivos:

1. medir a relação entre o desempenho dos alunos no jogo e a sua assimilação dos conceitos de logística;
2. avaliar a assimilação dos conceitos de logística para os alunos que participaram do jogo em comparação a alunos que não participaram.

Através desse estudo com esses objetivos, pretendeu-se verificar duas hipóteses:

1. se os participantes com melhores resultados no jogo também foram os que tiveram melhor assimilação dos conceitos;
2. se a assimilação dos conceitos para os participantes do jogo foi superior à de quem não participou do jogo.

Antes de apresentar o desenho e o resultado dos testes, este capítulo abre espaço para uma revisão no uso de jogos de empresas como instrumento pedagógico.

....
2 SANTORO, 2011.

O Jogo de Empresas como Instrumento Pedagógico

Para Miyashita (1997), os jogos de empresas constituem um instrumento muito importante, pois completam outros métodos tradicionais de ensino, como as aulas expositivas, as leituras e o método do caso. Se comparado ao aprendizado através de aulas/leituras, os jogos de empresas, para o mesmo tempo de dedicação, conseguem uma abrangência de conteúdo muito menor, porém, a fixação desse conhecimento pelo método do jogo é muito maior, devido ao envolvimento emocional do jogador gerado pelas situações que tem que superar durante a partida.

Segundo o autor, tanto nas leituras quanto nas aulas, o aluno obtém menor fixação do conhecimento porque só poderá consolidar seu aprendizado no momento em que puder verificar, na prática, a validade dos conceitos lidos e ouvidos, o que só costuma acontecer posteriormente na vida profissional, quando o indivíduo tem oportunidade de utilizar esses conceitos na solução de problemas concretos do dia a dia das empresas.

As simulações de um jogo de empresas podem ser uma poderosa ferramenta de ensino, pois estimulam os alunos a pensar em todas as variáveis ao mesmo tempo e os colocam em um ambiente de pressão similar ao da vida real. Curiosamente, essas simulações também costumam divertir os alunos.[3]

Pelas situações que têm que superar e pela pressão dos concorrentes pela liderança, os participantes de um jogo de empresas costumam ter um grande envolvimento emocional durante a aplicação dele. Esse estado de tensão, que faz parte da ideia do jogo, acaba fazendo com que os conceitos aprendidos durante o jogo sejam mais bem assimilados pelos participantes. Mesmo as equipes que cometem erros ganham experiência, pois esses erros serão evitados futuramente em suas vidas profissionais. O aprendizado se torna extremamente rico para os participantes, uma vez que eles podem verificar as consequências de suas decisões uma após a outra.[4]

Mas esse elevado nível de aprendizagem está condicionado a um elevado nível de participação do aprendiz no jogo, de acordo com Randel *et al.* (1992).

Sauaia (1989) ressalta alguns dos objetivos gerais dos jogos de empresas, focando os ganhos para as pessoas que participam de sua aplicação: (i) a aquisição de novos conhecimentos, propiciada pela incorporação de novas informações

---

3 VICENTE, 2005.
4 SAUAIA, 1995; MIYASHITA, 1997; VICENTE, 2001.

trazidas ao contexto do jogo; (ii) a integração de conhecimentos que passam a fazer sentido; e (iii) o resgate de conhecimentos anteriormente adquiridos, cuja vivência facilita o acesso a eles.

Para Vicente (2001), essa categoria de jogos associa o prazer lúdico à capacidade de raciocínio analítico e à habilidade na tomada de decisão. Segundo o autor, pessoas que participam desse tipo de jogo possuem menos dificuldade em fazer análises racionais e em tomar decisões, habilidades que estão muito relacionadas ao dia a dia das organizações.

Althoff, Colzani e Seibel (2009) aplicaram um jogo de empresas em uma turma do curso de graduação em engenharia de produção, referenciada à disciplina de sistemas produtivos, e concluíram que a utilização de técnicas de ensino baseadas em jogos de empresas no ensino da engenharia de produção apresenta bons resultados quanto ao desenvolvimento intelectual dos participantes, pois proporciona um melhor entendimento da teoria utilizando o recurso da simulação como aplicação prática do conteúdo.

Para eles, as dinâmicas trazem para dentro da sala de aula a sensação de aprender em um ambiente real, facilitando a assimilação dos conceitos a serem aplicados na vida profissional dos acadêmicos. Quando se faz o uso de técnicas de ensino baseadas em jogos e simulações, é essencial promover uma discussão entre os participantes quanto aos resultados obtidos. É a partir dessas discussões que surge a oportunidade de agregar conhecimento aos alunos, instigando a análise da situação real, promovendo o crescimento do senso intuitivo que somente a experiência proporciona e comparando a teoria acadêmica aos resultados alcançados com a prática.

Bergamaschi Filho e Albuquerque (2009) aplicaram um jogo de empresas em uma turma de graduação em contabilidade e afirmaram que a utilização de jogos empresariais se revela de grande valia na preparação dos futuros tomadores de decisão ao permitir que situações do cotidiano empresarial sejam experimentadas de forma simulada, possibilitando também a aplicação e integração dos conhecimentos teóricos.

Para eles, da mesma forma, a aplicação de tais jogos permite ao professor uma forma eficiente de demonstrar a teoria transmitida. Os autores argumentam que, na verdade, são procuradas formas de aprimorar as técnicas de ensino em função das novas possibilidades trazidas pela evolução das ferramentas e recursos tecnológicos.

Para Motta, Melo e Paixão (2009), há uma fragilidade em estudos que tentam comprovar a validade dos jogos enquanto prática educacional capaz de contribuir para a formação de estudantes. Há um pressuposto de que todos os participantes em jogos de empresas têm o mesmo nível de envolvimento nas atividades do jogo. Ao assumir tal posição, nega-se a variedade de habilidades e interesses entre os diversos aprendizes, o que implica diretamente no desempenho, tanto individual quanto grupal.

Dessa forma, os autores afirmam que não se deve igualar aprendizagem ao desempenho no jogo. O papel do envolvimento dos alunos para a efetividade da aprendizagem com jogos de empresas é de elevada importância e destaca os princípios construtivistas do jogo e sua adequação enquanto técnica de aprendizagem vivencial. Os muitos anos de ênfase no tradicionalismo das aulas expositivas como forma exclusiva de desenvolvimento do ensino retiraram do aprendiz a responsabilidade pelo seu aprendizado.

Para os autores, muitos são os métodos e técnicas (método do caso, aprendizagem baseada em problemas, portfólio, estágio supervisionado, pesquisa de campo, visita técnica, jogos de empresas, dentre outros) utilizados em sala de aula ou fora dela para devolver essa responsabilidade ao aprendiz; entretanto, nem todas são capazes de efetivar tal pretensão.

Santoro (2011) aplicou um jogo de empresas para descobrir que os alunos participantes da atividade tiveram uma assimilação de conceitos melhor do que a dos alunos não participantes, mas que tal nível de assimilação não foi diretamente proporcional ao desempenho das equipes formadas por eles no jogo. Segundo o autor, o importante para o aprendizado é a participação no jogo, e não o resultado em si; essa participação, e não o resultado, é que faz com que o aluno tenha uma maior assimilação dos conceitos propostos.

Coleta dos Dados

O BR-LOG foi aplicado a uma turma noturna de graduação em administração da Escola Superior de Propaganda e Marketing do Rio de Janeiro (ESPM–RJ), cursando a disciplina de logística empresarial, pertencente ao quinto período da grade do curso em questão.

A turma de dezessete alunos foi dividida em quatro grupos, cada qual sendo responsável pela administração de uma das quatro empresas concorrentes. O aplicador do jogo realizou uma apresentação introdutória sobre ele na primeira semana de aula da disciplina. Na ocasião, o Manual do Jogador[5] foi fornecido às equipes com uma planilha de informações para subsidiar as decisões das empresas.

Os grupos tinham que enviar as suas decisões semanalmente através de um e-mail para o aplicador do jogo. Este rodava o simulador e fornecia, no mesmo dia, os relatórios para as equipes se prepararem para tomar as decisões da semana seguinte. Tudo isso funcionou de forma remota, por meio de trocas de mensagens de e-mail.

Utilizando esse mesmo canal, o aplicador do jogo colocou-se à disposição dos jogadores para tirar dúvidas sobre o funcionamento do BR-LOG, o que acabou acontecendo com alguma frequência. No meio do semestre, o aplicador utilizou uma aula inteira da disciplina para dirimir, presencialmente, dúvidas dos alunos a respeito da mecânica do jogo.

A aplicação durou oito rodadas. Presencialmente, foram utilizadas três horas da disciplina de logística empresarial. Remotamente, cada equipe trabalhava em torno de duas horas para a tomada de decisão de cada rodada. No total, os alunos dedicaram, em média, vinte horas à atividade.

Após a última rodada, cada grupo fez uma apresentação, destacando a estratégia da empresa, como as tarefas foram divididas, os principais erros e acertos da equipe, as ferramentas de apoio utilizadas e qual foi o aprendizado resultante da atividade. Nessa apresentação, todos os integrantes de cada equipe tiveram que se manifestar oralmente.

Durante as apresentações, o aplicador pode perceber que alguns dos alunos se mantiveram praticamente calados, apenas falando o óbvio ou ratificando o que os colegas falavam, ou ainda "passando os slides" da apresentação. Em outras palavras, seu nome constava da relação de integrantes da equipe, mas sua participação na atividade não tinha sido efetiva.

Ao final das apresentações, o aplicador atribuiu uma nota individual para cada aluno, tentando refletir o seu nível de participação na atividade, a coerência das suas decisões e a intensidade do seu empenho. Também foi atribuída uma nota coletiva para cada equipe, refletindo simplesmente o desempenho financeiro da empresa administrada por ela. Finalmente, cada um dos 17 alunos pôde ter sua nota final na atividade obtida pelo cálculo da média ponderada entre a sua nota individual na apresentação (75%) e a nota coletiva da sua equipe (25%).

....
5 BOUZADA, 2001.

Após a conclusão do período letivo, foram coletadas as notas finais dos 17 alunos na disciplina de logística empresarial, das quais foram desconsideradas as notas finais do jogo (ou seja, considerando apenas as provas e trabalhos regulares da disciplina).

Para efeitos de comparação, também foram coletados os graus finais dos 20 alunos que cursaram a mesma disciplina no ano anterior (2010). A cadeira foi ministrada pelo mesmo professor, que utilizou a mesma ementa nas duas oportunidades. Os alunos da turma de 2010 não dedicaram ao jogo as 20 horas dedicadas pela turma de 2011 (nem as 16–17 horas extraclasse, nem as 3 horas da disciplina de logística empresarial, que não precisaram ser subtraídas da cadeira).

Tratamento dos Dados

Depois da aplicação do jogo e da obtenção das notas mencionadas na Seção 3, houve condições de atacar a problemática de pesquisa — acerca da efetividade de um jogo de empresas como método pedagógico para a disciplina de logística — e testar as duas hipóteses levantadas na Introdução:

1. se os participantes com melhores resultados no jogo também foram os que tiveram melhor assimilação dos conceitos;

2. se a assimilação dos conceitos para os participantes do jogo foi superior à de quem não participou do jogo.

Para analisar se os participantes com melhores resultados no jogo também foram os que tiveram melhor assimilação dos conceitos (H1), foi calculado o coeficiente de correlação linear de Pearson (r) (apenas para a turma de 2011) para testar a intensidade da relação entre a nota individual de cada aluno no jogo e sua nota final na disciplina (desconsiderando a nota no jogo).

Por causa da participação não efetiva de alguns alunos na atividade, conforme detectado pelo aplicador e destacado na Seção 3 anteriormente, pareceu prudente também calcular o mesmo coeficiente de correlação linear, só que desta vez levando em conta somente os (sete) alunos que participaram efetivamente da atividade.

Em seguida, foi feito um teste t para a diferença entre duas médias (com amostras independentes: turma de 2011 — que participou do jogo — e turma de 2010 — que não participou) em relação à nota final na disciplina de logística empresarial para medir se a assimilação dos conceitos para os participantes do jogo foi superior à dos que não participaram (H2).

Pelo mesmo motivo mencionado anteriormente, também foi realizado o mesmo teste t, só que desta vez considerando, para a amostra de 2011, apenas os (sete) alunos que tiveram participação efetiva na atividade.

Limitações

Mesmo os dados tendo recebido um tratamento inferencial, o fato de terem sido utilizadas pequenas amostras é capaz de prejudicar a possibilidade de generalização dos resultados. No entanto, todos os valores p resultantes dos testes de hipóteses foram calculados levando em conta o tamanho reduzido das amostras; ou seja, se tivesse sido encontrada alguma diferença estatisticamente significativa mesmo utilizando-se amostras reduzidas, isso indicaria que a diferença entre os grupos era bastante relevante.

A participação não efetiva de uma parcela significativa (10 dentre 17) dos alunos na atividade prejudicou um pouco o tratamento dos dados e a análise dos resultados. A separação, realizada pelo aplicador, da turma em dois grupos — os alunos de participação efetiva e os de participação não efetiva — procurou minimizar essa limitação, mas, por ter sido baseada na opinião do aplicador, carrega subjetividade, podendo comprometer a objetividade dos resultados.

A nota individual atribuída a cada aluno ao final das apresentações também encerra um componente de subjetividade, envolvendo a possibilidade de o aplicador ter-se influenciado por algum aspecto não pertinente no momento de fazer essa avaliação.

Além disso, a existência de uma correlação entre a nota individual no jogo e a nota na disciplina pode indicar que existe um grupo de alunos que, de modo geral, está mais comprometido com a disciplina: do mesmo modo que participam mais efetivamente do jogo, estudam mais para as provas. Essa constatação faz com que a existência dessa correlação não implique — mas apenas sugira — uma relação de causa e efeito entre uma boa participação no jogo e uma efetiva aprendizagem.

A nota final de cada aluno nas duas edições da disciplina de logística empresarial foi utilizada para representar o nível de assimilação dos conceitos de logística por parte do aluno. Como a nota final foi obtida através de avaliações baseadas em provas e trabalhos, nada garante que estes possam ser considerados bons instrumentos para mensurar a assimilação do aluno.

Além disso, embora a ementa da disciplina tenha sido a mesma nas duas turmas (2010 e 2011), não é possível garantir que o nível de dificuldade das avaliações nos dois anos tenha sido o mesmo.

Felizmente, a grande experiência do professor que ministra esta cadeira na ESPM–RJ leva a crer que as avaliações sejam capazes de efetivamente capturar o grau de assimilação dos conceitos dos alunos e que tenham sido elaboradas com níveis de dificuldade similares nos dois anos, o que minimiza as duas últimas limitações.

Apresentação e Análise dos Resultados

A Tabela 3.1 relaciona as notas dos alunos no jogo (turma 2011): nota (coletiva) oriunda do desempenho financeiro da empresa administrada pela equipe, nota (individual) da apresentação e nota (individual) final.

Como pode ser observado, todos os integrantes da Empresa 4 ficaram com a nota da apresentação zerada. Isso aconteceu porque a equipe não realizou a apresentação final.

TABELA 3.1. **NOTAS DO DESEMPENHO DA EMPRESA, DA APRESENTAÇÃO E FINAL NO JOGO**

	ALUNO	DESEMPENHO FINANCEIRO DA EMPRESA (25%)	APRESENTAÇÃO (75%)	NOTA FINAL
	1	3,00	6,50	5,63
	2	3,00	1,50	1,88
Empresa 1	3	3,00	1,00	1,50
	4	3,00	1,00	1,50
	5	3,00	5,50	4,88
	6	2,00	10,00	8,00
	7	2,00	0,00	0,50
Empresa 2	8	2,00	7,50	6,13
	9	2,00	9,00	7,25
	10	2,00	0,00	0,50

	ALUNO	DESEMPENHO FINANCEIRO DA EMPRESA (25%)	APRESENTAÇÃO (75%)	NOTA FINAL
	11	4,00	10,00	8,50
Empresa 3	12	4,00	6,00	5,50
	13	4,00	0,00	1,00
	14	5,00	0,00	1,25
	15	5,00	0,00	1,25
Empresa 4	16	5,00	0,00	1,25
	17	5,00	0,00	1,25

Fonte: Elaboração própria.

A Tabela 3.2 relaciona as notas dos alunos da turma de 2011 no jogo e na disciplina (desconsiderando a nota no jogo).

TABELA 3.2. **NOTAS NO JOGO E NA DISCIPLINA (DESCONSIDERANDO A NOTA NO JOGO)**

ALUNO	NOTA NO JOGO	MÉDIA NA DISCIPLINA (SEM A NOTA DO JOGO)
1	5,63	7,46
2	1,88	6,48
3	1,50	8,26
4	1,50	6,68
5	4,88	7,05
6	8,00	8,11
7	0,50	8,36
8	6,13	8,37
9	7,25	7,27
10	0,50	8,63
11	8,50	9,88
12	5,50	8,74
13	1,00	3,06
14	1,25	9,67
15	1,25	8,56
16	1,25	9,23
17	1,25	7,36

Fonte: Elaboração própria.

A hipótese 1 (H1) pretendia verificar se os participantes com melhores resultados no jogo também teriam a melhor assimilação dos conceitos. O gráfico apresentado na Figura 3.1, relacionando as duas notas apresentadas na Tabela 3.2, revela não haver nenhuma relação linear aparente entre as duas grandezas.

Tal impressão pode ser corroborada pelo coeficiente de correlação linear (r) obtido: 0,20. Tal resultado aponta para uma fraca correlação linear positiva.

Levando em conta apenas os alunos cuja participação foi considerada como efetiva pelo aplicador (alunos 1, 5, 6, 8, 9, 11 e 12), o coeficiente r aumenta substancialmente para 0,55, indicando uma moderada correlação linear positiva; ou seja, quanto maior a nota do aluno no jogo, maior a sua nota na disciplina (e, supostamente, o seu grau de assimilação dos conceitos).

FIGURA 3.1. **NOTA NA DISCIPLINA (DESCONSIDERANDO A NOTA NO JOGO) X NOTA NO JOGO**

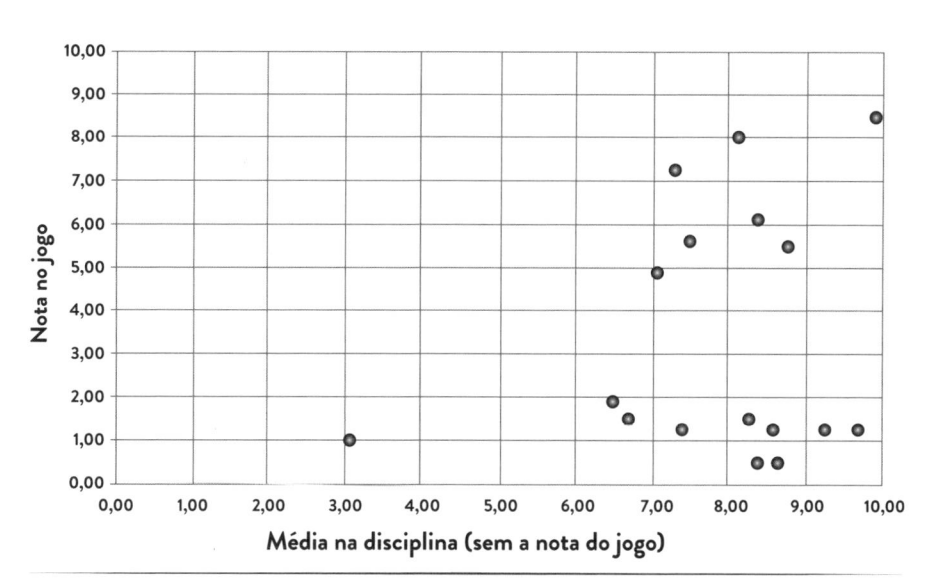

FONTE: Elaboração própria.

O resultado de ambos os testes aponta para a rejeição de H1 considerando todos os alunos da turma, mas para a confirmação de H1 considerando apenas aqueles alunos que participaram efetivamente da atividade.

Já a hipótese 2 (H2) pretendia verificar se a assimilação dos conceitos para os participantes do jogo seria superior à dos que não participaram do jogo. A Tabela 3.3 apresenta a nota final dos alunos de 2010 na disciplina de logística empresarial e a nota dos alunos (desconsiderando a nota no jogo) de 2011.

TABELA 3.3. **NOTA DOS ALUNOS DE 2010 E NOTA (DESCONSIDERANDO O JOGO) DOS ALUNOS DE 2011**

TURMA 2010	TURMA 2011
0,00	7,46
9,00	6,48
7,50	8,26
7,35	6,68
6,95	7,05
6,75	8,11
8,75	8,36
7,80	8,37
8,25	7,27
9,05	8,63
6,85	9,88
6,85	8,74
8,25	3,06
7,65	9,67
7,10	8,56
7,50	9,23
8,15	7,36
9,05	
6,95	
8,85	

Fonte: Elaboração própria.

Os alunos de 2010 obtiveram nota média igual a 7,43, enquanto a média das notas do ano seguinte foi de 7,83. A questão consiste em saber se essa diferença é significativa, do ponto de vista estatístico, ou se pode ter sido oriunda do acaso.

O teste de comparação de duas médias utilizado presume que as duas variâncias populacionais sejam equivalentes. Para verificar a validade de tal premissa, foi realizado um teste F de igualdade de duas variâncias. O valor p resultante foi 0,2196, não fornecendo, a 5% de significância, evidência amostral suficiente para rejeitar a hipótese nula de igualdade das variâncias. Assim sendo, a premissa utilizada no teste parece válida.

Tendo sido realizado um teste t para duas amostras independentes, o valor p obtido foi 0,2478, não sendo possível, a níveis de significância usualmente utilizados, rejeitar a hipótese nula (igualdade entre as notas médias das duas turmas) em favor da hipótese alternativa unicaudal (nota média da turma que jogou maior do que a nota média da turma que não jogou). Ou seja, há uma chance considerável (quase 25%) da diferença entre as notas médias das turmas (7,83 contra 7,43) se dever ao acaso inerente ao processo de amostragem.

Considerando agora somente os alunos com participação efetiva na atividade, o mesmo teste t foi conduzido. Antes, no entanto, o mesmo teste F anterior foi realizado para verificar a igualdade das variâncias. O valor p encontrado foi 0,0520, sendo impossível rejeitar a hipótese nula de igualdade das variâncias, a 5% de significância. O valor p obtido para o teste t de diferença entre as duas médias foi de 0,1866.

Esse valor ainda é mais alto do que os níveis de significância usualmente utilizados nos testes de hipóteses (0,01, 0,05 ou 0,10). Ou seja, mesmo levando em conta apenas os alunos com participação efetiva, não é possível afirmar que a sua média é significativamente superior à dos alunos que não participaram do jogo (turma de 2010).

O resultado de ambos os testes parece indicar a rejeição de H2 considerando todos os alunos da turma de 2011 ou somente os com participação efetiva. Mas o fato de o valor p encontrado ter sido razoavelmente mais baixo no segundo caso (0,1866 contra 0,2478) aponta para uma maior tendência de aceitação de H2 (embora ainda não possa ser aceita), se forem levados em conta apenas os alunos que participaram efetivamente da atividade.

Em outras palavras, não é possível afirmar, em nenhuma situação, que a nota média dos participantes do jogo é significativamente superior à dos não participantes. Mas seria menos absurdo fazer tal afirmação no caso em que fossem descartados os alunos que não tiveram participação efetiva na atividade.

Considerações Finais

Muitas pesquisas têm sido realizadas para descobrir métodos de ensino que tragam melhores resultados para o aprendizado dos alunos. Os *business games* vêm se destacando como ferramenta pedagógica, sendo considerados, atualmente, como um dos instrumentos mais eficientes na preparação dos futuros gestores.[6]

Partindo do pressuposto de que o método pedagógico a ser utilizado em uma disciplina depende da sua natureza, esta pesquisa procurou contribuir para a descoberta da metodologia ideal para uma cadeira como logística.

Mais especificamente, este capítulo procurou apresentar testes quanto à qualidade dos jogos de empresas enquanto método pedagógico para a disciplina em questão, cuja adequação é sugerida por Bouzada (2011). Foi utilizada a estrutura do Laboratório de Logística para testar os seguintes elementos de pesquisa: a relação entre o desempenho dos alunos no jogo e a sua assimilação dos conceitos de logística; e a assimilação dos conceitos de logística pelos alunos que participaram do jogo em comparação a alunos que não participaram.

A primeira hipótese a ser verificada questionava se os participantes com melhores resultados no jogo também seriam os participantes com melhor assimilação dos conceitos.

Tal hipótese foi rejeitada quando foram considerados como participantes do jogo todos os alunos que constavam como integrantes da equipe. Quando foram levados em conta apenas os alunos com participação efetiva na atividade, a hipótese foi confirmada, indo um pouco de encontro aos achados de:

» Motta, Melo e Paixão (2009), que afirmam que não se deve igualar aprendizagem ao desempenho no jogo;

» e de Santoro (2011), que não encontrou, na aplicação-teste do seu jogo, relação entre o desempenho das equipes no jogo e a assimilação dos conceitos dos seus integrantes.

A segunda hipótese supunha que a assimilação dos conceitos para os participantes do jogo seria superior à dos não participantes. A hipótese foi rejeitada considerando todos ou apenas os alunos efetivamente participantes, mas com menos veemência neste último caso.

....
6 RODRIGUES; RISCARROLI, 2001; SILVA; SAUAIA, 2008.

Esse resultado acaba contrariando os achados de alguns autores, cujas ideias estão descritas na Seção 2:

» Sauaia (1995), que afirmou que os conceitos teóricos são mais bem assimilados pelos participantes de jogos;

» Miyashita (1997), segundo o qual a fixação do conhecimento pelo método do jogo é muito maior, devido ao envolvimento emocional do jogador gerado pelas situações que tem que superar durante a partida;

» Sauaia (2006), que diz que o formato em questão possibilita uma maior fixação de conceitos e procedimentos, pois conta com a consolidação que só a prática proporciona;

» Althoff, Colzani e Seibel (2009), que concluíram que a utilização da simulação (jogos) como aplicação prática do conteúdo proporciona um melhor entendimento da teoria, e que a sensação de aprender em um ambiente real facilita a assimilação dos conceitos a serem aplicados na vida profissional dos acadêmicos;

» Bergamaschi Filho e Albuquerque (2009), que descobriram que a aplicação de um jogo de empresas permitiu aos alunos uma melhor integração dos conhecimentos teóricos e, ao professor, uma forma mais eficiente de demonstrar a teoria transmitida;

» Santoro (2011), que verificou que os alunos participantes do jogo de empresas tiveram uma assimilação de conceitos melhor do que a dos alunos não participantes.

É interessante observar, no entanto, que a diferença no resultado da verificação da primeira hipótese nos dois cenários (considerando todos os alunos e depois desconsiderando os que não participaram efetivamente) e a veemência com que a segunda hipótese foi rejeitada nos mesmos dois cenários acabam corroborando a opinião de: (i) Randel *et al.* (1992), quanto à alta correlação entre um elevado nível de aprendizagem e um elevado nível de participação do aluno no jogo; e (ii) de Motta, Melo e Paixão (2009), segundo os quais o papel do envolvimento dos alunos para a efetividade da aprendizagem com jogos de empresas é de elevada importância.

Juntando o resultado do teste das duas hipóteses (H1 e H2), pode-se concluir que é fundamental para o aluno participar efetivamente e ter um bom desempenho no jogo de forma a obter uma melhor assimilação dos conceitos pertinentes à disciplina de logística.

Sendo assim, espera-se que este capítulo venha a contribuir para o avanço da fronteira do conhecimento em uma área que carece de muita pesquisa, para consolidar como um bom instrumento pedagógico uma metodologia com tantos potenciais para tal. Afinal, o desenvolvimento de teoria via métodos de simulação (como os *business games*) tem sido debatido com bastante frequência na academia.[7]

É também esperado que esta pesquisa incentive outros autores a desenvolverem estudos análogos com jogos voltados para áreas específicas da administração (marketing, finanças, estratégia etc.), já que as peculiaridades inerentes a cada área de conhecimentos podem provocar conclusões diferentes das genéricas, assim como o que parece ter acontecido com a pesquisa aqui descrita, no tocante à área de logística.

ESTE CAPÍTULO

Depois de procurar validar o simulador enquanto instrumento pedagógico, o capítulo a seguir procura averiguar a sua adequação pedagógica a diferentes estilos de aprendizagem.

---

7 DAVIS; EISENHARDT; BINGHAM, 2007.

Testando a Adequação dos Jogos de Empresas aos Diferentes Estilos de Aprendizagem

Introdução

Os benefícios dos jogos de empresas vêm sendo cada vez mais discutidos, compreendidos e aceitos pela academia. Mas parece importante saber se os já enaltecidos e comprovados benefícios dessa metodologia são os mesmos para todos os tipos de alunos, exatamente como questionaram Dias, Sauaia e Yoshizaki (2008, 2012).

Ou será que alunos cognitivamente diferentes, que aprendem de forma diferente, vão usufruir de forma diferente dessa metodologia de ensino alternativa — conforme verificaram Dias, Sauaia e Yoshizaki (2008, 2012) — no processo de assimilação de conteúdo da área de logística? Afinal, no ensino superior, existem inúmeros alunos, e quanto maior o número de alunos envolvidos no processo de aprendizagem, maior a variedade de estilos de aprendizagem.

Entender as especificidades de cada aluno é ainda mais importante no contexto dos jogos de empresas, já que se está falando de um método ativo e centrado no participante — conforme discutem Hazoff Junior e Sauaia (2008) — que propicia aos estudantes aprendizagem segundo seu estilo pessoal, e não segundo o estilo de ensino do educador, conforme acontece nas aulas expositivas.

Vale lembrar também que os benefícios dessa metodologia de ensino se tornam ainda mais marcantes em áreas que envolvem raciocínio e manuseio de variáveis quantitativas, como a logística.[1]

Em vista disso, o objetivo deste capítulo consiste em verificar a adequação da metodologia de jogos de empresas na área de logística aos diferentes estilos de aprendizagem dos alunos, de forma semelhante ao que fizeram Dias, Sauaia e Yoshizaki (2008, 2012), mas em relação à outra metodologia de classificação de estilos de aprendizagem.

Antes de apresentar o desenho e o resultado dos testes, este capítulo abre espaço para uma breve revisão acerca dos estilos de aprendizagem de uma forma geral e no contexto dos jogos de empresas.

Estilos de Aprendizagem

Aprendizagem, de acordo com Peleias (2006), é o processo de desenvolvimento do conhecimento, de como se aprende.

No processo de aprendizagem, a adequação do método de ensino utilizado depende, basicamente, do que está sendo ensinado e para quem está sendo ensinado. No que diz respeito ao primeiro, Hazoff Junior e Sauaia (2008) verificaram, em um contexto específico (o ensino de um assunto tipicamente quantitativo — o MRP, no caso), que a utilização dos métodos tradicionais centrados no professor propiciava assimilação inferior quando comparada aos métodos ativos centrados no aluno.

Já em relação ao sujeito do processo, entende-se, nas ciências biológicas, que nenhum ser humano é igual ao outro. Assim, pode-se também levantar a hipótese de que cada ser humano tem características e comportamentos diferentes uns dos outros. Nesse sentido, cada ser humano provavelmente aprende de maneira diferente.[2]

Os estilos de aprendizagem são retratados por comportamentos cognitivos, afetivos e psicológicos, e indicam como as pessoas percebem, interagem e respondem ao ambiente de aprendizado.[3]

....
1 BOUZADA, 2011.
2 MIRANDA; MIRANDA; COSTA, 2011.
3 FATT, 2000.

Segundo Dunn, Beaudry e Klavas (1989), as pessoas percebem as coisas, e consequentemente aprendem, por meio de quatro maneiras (dimensões) diferentes: (i) cognitiva; (ii) afetiva; (iii) fisiológica; e (iv) psicológica.

Com base nessas dimensões, o modelo VARK (*Visual, Aural, Read/Write, Kinesthetic*) é capaz de classificar indivíduos de acordo com os seus estilos de aprendizagem.[4]

Os estilos de aprendizagem existentes nesse modelo são apresentados a seguir, assim como, contextualizando-os para o ambiente de sala de aula, as estratégias de ensino adequadas a cada um, de forma a maximizar a comunicação, melhorar o desempenho dos alunos e efetivar o aprendizado:[5]

» Visual — lousa, filmes, pesquisa na internet, exercícios, aulas práticas.

» Auditivo — aula expositiva, seminários, estudo de caso em grupo, palestras, debates.

» Leitor/Escritor — estudo de caso individual, leitura, resumos.

» Sinestésico — seminários, exercícios, aulas práticas, palestras, estudo de caso e outras estratégias alternativas.

Entre as estratégias alternativas de ensino, destaca-se o formato de jogos de empresas, contexto dentro do qual Pacagnan *et al.* (2012) se dispuseram a apresentar uma alternativa pedagógica ao investigarem o processo de aprendizagem dos alunos participantes de jogos de negócios.

Também dentro desse contexto, Anderson e Lawton (1998), Stahl e Lopes (2004) e Wellington, Faria e Hutchinson (2007) demonstraram uma preocupação com a avaliação da aprendizagem.

Ainda no ambiente dos jogos de empresas, Madkur, Mrtvi e Lopes (2008) estudaram os estilos de aprendizagem na constituição de equipes, e Dias, Sauaia e Yoshizaki (2008, 2012) procuraram contribuir com a identificação dos métodos de ensino mais adequados para cada estilo de aprendizagem ao constatarem que os alunos com estilo de aprendizagem reflexivo apresentaram um aproveitamento superior no jogo de empresas quando comparados aos alunos com estilo ativo.

---

4 VARK-LEARN, 2010.
5 MIRANDA; MIRANDA; COSTA, 2011.

Coleta dos Dados

Os dados utilizados neste capítulo são oriundos da aplicação do BR-LOG, durante o ano de 2012, em três turmas de graduação em administração da ESPM, como parte integrante e uma das formas de avaliação das seguintes disciplinas:

> » logística empresarial, que foi ministrada na ESPM–RJ para o quinto período de administração no primeiro semestre de 2012, em uma turma de 16 alunos;

> » supply chain — modelagem de decisões, que foi ministrada na ESPM–SP para o sétimo período de administração no segundo semestre de 2012, em uma turma de 16 alunos;

> » gestão de operações II, que foi ministrada na ESPM–RS para o oitavo período de administração no segundo semestre de 2012, em uma turma de 19 alunos.

Na turma do Rio de Janeiro, uma das equipes desistiu da atividade e não entregou nenhuma decisão até o final do jogo. Os dados referentes a essa equipe ficaram, portanto, fora da análise da pesquisa apresentada neste capítulo.

A aplicação durou 13 rodadas nas 3 turmas. Após a última, cada grupo (exceto o que abandonou a atividade) fez uma apresentação destacando a estratégia da empresa, como as tarefas foram divididas, os principais erros e acertos da equipe, as ferramentas de apoio utilizadas e qual foi o aprendizado resultante da atividade. Nessa apresentação, todos os integrantes de cada equipe tiveram que se manifestar oralmente.

Ao final das apresentações, o aplicador atribuiu uma nota individual para cada aluno, tentando refletir o seu nível de participação na atividade, a coerência das suas decisões e a intensidade do seu empenho.

Cada equipe também recebeu uma nota coletiva, refletindo simplesmente o desempenho financeiro da empresa administrada por ela.

A necessidade de considerar a nota individual vai ao encontro da afirmação de Anderson e Lawton (1988): nenhum dos métodos de avaliação consegue sozinho avaliar o aprendizado de todos os objetivos de um curso. Os autores sugerem que, além do aproveitamento no jogo, que geralmente é em grupo, cada aluno deva ser avaliado também individualmente.

Também encontra eco no trabalho de Stahl e Lopes (2004) sobre a adequação da avaliação da aprendizagem no contexto dos jogos de empresas. Segundo os autores, faz-se necessário considerar a abordagem da aprendizagem que suporta a atividade desenvolvida e os objetivos inerentes a ela; portanto, parece razoável considerar os aspectos da aprendizagem vivencial na avaliação de uma atividade com a dinâmica cíclica tipicamente presente nos jogos de empresas.

A nota final de cada aluno na atividade foi obtida pelo cálculo da média aritmética entre a nota individual na apresentação (subjetiva) e a nota coletiva (objetiva).

No dia das apresentações foi solicitado a cada participante que respondesse a um questionário[6] que é capaz de, conforme as respostas, classificar cada aluno quanto ao seu estilo de aprendizagem: visual, auditivo, leitor/escritor ou sinestésico. Isso encerrou a coleta de dados.

Tratamento dos Dados

Todos os participantes (exceto os quatro da equipe que abandonou a atividade) preencheram o questionário. As respostas assinaladas em cada questão por cada um dos 47 participantes alimentaram o questionário online, disponível em: http://www.vark-learn.com/, que forneceu como saída para cada participante o seu estilo de aprendizagem. Em alguns casos, em função das respostas, o participante teve mais de um estilo de aprendizagem identificado como sendo o seu.

Alguns tratamentos básicos de estatística descritiva acerca da nota final e do estilo de aprendizagem dos alunos foram desenvolvidos para poder ser mais bem visualizada uma apresentação completa dos dados coletados.

Para cumprir o objetivo da pesquisa apresentada neste capítulo e testar a adequação da metodologia de jogos de empresas na área de logística aos diferentes estilos de aprendizagem dos alunos, foi realizada uma ANOVA *1-way* para verificar se a média da nota final dos alunos classificados como tendo um estilo de aprendizagem **visual** é igual à média dos alunos com estilo de aprendizagem **auditivo**, à dos alunos com estilo de aprendizagem **leitor/escritor** e à dos alunos com estilo de aprendizagem **sinestésico**, ou se a diferença entre essas médias é estatisticamente significativa.

---

6 VARK-LEARN, 2010.

Foram considerados, indistintamente, os alunos das três turmas que participaram do jogo. Os alunos identificados com mais de um estilo de aprendizagem foram considerados como pertencentes aos dois (ou mais) estilos.

Apresentação dos Resultados

As notas finais obtidas por cada aluno na atividade podem ser visualizadas na Tabela 4.1.

TABELA 4.1. **NOTA FINAL DOS ALUNOS PARTICIPANTES DO JOGO, EM CADA UNIDADE**

UNIDADE	ALUNO	NOTA FINAL	UNIDADE	ALUNO	NOTA FINAL	UNIDADE	ALUNO	NOTA FINAL
Rio de Janeiro	1	5,75	São Paulo	13	8,88	Porto Alegre	29	10,00
	2	5,00		14	8,13		30	8,75
	3	5,00		15	8,13		31	8,75
	4	6,75		16	8,38		32	9,88
	5	5,75		17	6,50		33	5,00
	6	4,50		18	6,00		34	7,88
	7	5,50		19	5,25		35	9,00
	8	7,50		20	5,25		36	7,88
	9	4,75		21	6,00		37	9,00
	10	4,25		22	6,50		38	7,63
	11	6,25		23	6,00		39	8,00
	12	7,25		24	6,00		40	6,75
				25	6,75		41	6,75
				26	6,13		42	7,75
				27	6,75		43	7,00
				28	6,88		44	7,25
							45	7,00
							46	7,25
							47	7,00

FONTE: Elaboração própria.

A Tabela 4.2 apresenta um sumário revelando algumas medidas de estatística descritiva acerca da nota final dos alunos.

TABELA 4.2. **SUMÁRIO ESTATÍSTICO DA NOTA FINAL DOS ALUNOS PARTICIPANTES DO JOGO, DADOS CONSOLIDADOS**

NOTA FINAL	
Média	6,90
Mediana	6,75
Moda	6,75
Desvio-padrão	1,41
Curtose	(-0,5)
Assimetria	0,20
Amplitude	5,75
Mínimo	4,25
Máximo	10,00

FONTE: Elaboração própria.

A Figura 4.1 apresenta a quantidade de alunos classificada em cada um dos quatro estilos de aprendizagem estudados nesta pesquisa.

FIGURA 4.1. **PROPORÇÃO DOS ALUNOS CLASSIFICADOS EM CADA ESTILO DE APRENDIZAGEM**

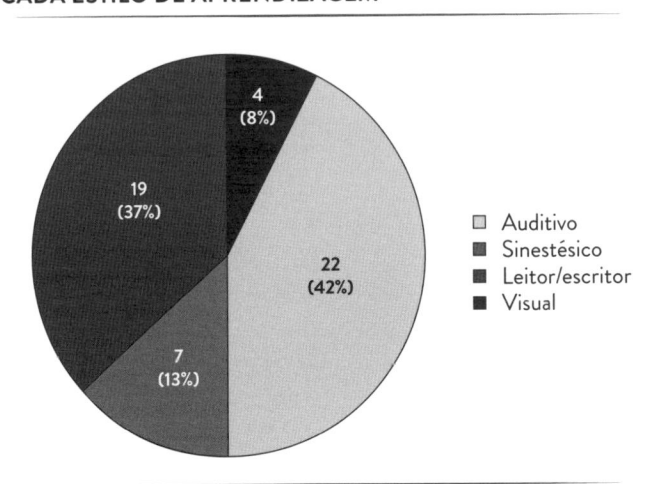

FONTE: Elaboração própria.

Como pode ser visto na Figura 4.1, 52 alunos tiveram seus estilos de aprendizagem identificados. Esse número é maior do que a quantidade efetiva de alunos que preencheram o questionário (47) porque, conforme mencionado anterior-mente, para alguns alunos (5), dois estilos foram identificados como presentes.

O maior grupo (alunos com estilo auditivo de aprendizagem) apresentou as notas conforme as que constam da Tabela 4.3.

TABELA 4.3. **NOTAS FINAIS E MÉDIAS DOS ALUNOS COM ESTILO AUDITIVO**

ALUNO	NOTA FINAL
1	5,00
2	5,00
3	4,50
4	5,50
5	7,50
6	6,25
7	7,25
8	8,13
9	8,13
10	5,25
11	6,00
12	6,13
13	6,75
14	9,88
15	5,00
16	7,63
17	8,00
18	7,75
19	7,00
20	7,25
21	7,00
22	7,25
Média	6,73

FONTE: Elaboração própria.

Os alunos com estilo sinestésico de aprendizagem apresentaram as notas que constam da Tabela 4.4.

TABELA 4.4. **NOTAS FINAIS E MÉDIAS DOS ALUNOS COM ESTILO SINESTÉSICO**

Aluno	Nota final
1	5,75
2	6,75
3	5,75
4	4,75
5	8,38
6	6,00
7	5,25
8	6,50
9	6,00
10	6,75
11	6,75
12	6,88
13	10,00
14	8,75
15	8,75
16	9,00
17	6,75
18	6,75
19	7,00
Média	6,97

FONTE: Elaboração própria.

Os alunos com estilo leitor/escritor de aprendizagem apresentaram as notas que constam da Tabela 4.5.

TABELA 4.5. **NOTAS FINAIS E MÉDIAS DOS ALUNOS COM ESTILO LEITOR/ESCRITOR**

ALUNO	NOTA FINAL
1	4,25
2	6,00
3	5,25
4	6,00
5	6,13
6	7,88
7	7,88
Média	6,20

FONTE: Elaboração própria.

O menor grupo (alunos com estilo visual de aprendizagem) apresentou as notas conforme as que constam da Tabela 4.6.

TABELA 4.6. **NOTAS FINAIS E MÉDIAS DOS ALUNOS COM ESTILO VISUAL**

ALUNO	NOTA FINAL
1	8,88
2	8,38
3	6,50
4	9,00
Média	8,19

FONTE: Elaboração própria.

As médias amostrais dos quatro grupos são, naturalmente, diferentes. A questão consiste em avaliar se essa diferença é estatisticamente significativa. Tal questão é abordada na seção seguinte, através de um teste de comparação de múltiplas médias, a ANOVA *1-way* (*Analysis of Variance*, 1 critério).

Análise dos Resultados

A Figura 4.2 mostra graficamente o intervalo de confiança (a 90%) para as médias das notas dos alunos identificados como tendo cada um dos estilos de aprendizagem: auditivo, sinestésico, leitor/escritor e visual.

Os dois últimos intervalos (para os estilos leitor/escritor e visual) ficaram razoavelmente grandes em vista do tamanho reduzido das amostras (7 e 4, respectivamente), o que ocasionou elevados erros-padrão e consequentes grandes amplitudes para os intervalos.

Por causa disso, apesar da não desprezível diferença entre as médias de notas de cada grupo (em especial a do grupo de visuais), é possível perceber visualmente, na Figura 4.2, uma interseção entre todos os intervalos de confiança. Está claro, no entanto, que a interseção é pequena entre os intervalos dos dois últimos estilos de aprendizagem, leitor/escritor e visual.

Em outras palavras, não é possível afirmar, com esse nível de confiança (90%) que há diferença entre as notas médias dos alunos pertencentes a cada estilo de aprendizagem. Mas tal afirmação é quase possível pelo fato de a interseção existente entre os dois últimos intervalos ser pequena.

FIGURA 4.2. **INTERVALO DE CONFIANÇA (90%) PARA A NOTA MÉDIA DOS ALUNOS CLASSIFICADOS EM CADA ESTILO DE APRENDIZAGEM**

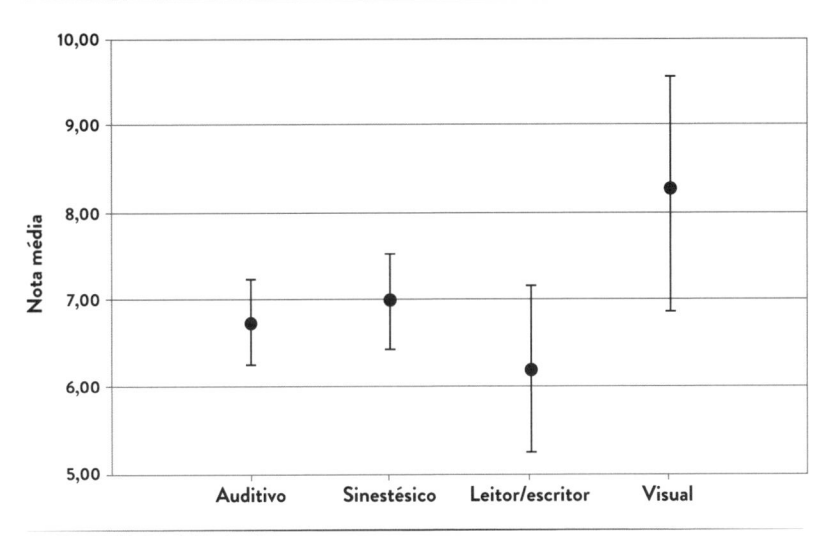

FONTE: Elaboração própria.

Essa constatação pode ser confirmada com a ANOVA *1-way* (a 10% de significância) que foi conduzida e cujos resultados se encontram disponíveis na Tabela 4.7.

TABELA 4.7. **ANOVA *1-WAY* PARA A COMPARAÇÃO DAS NOTAS MÉDIAS DOS ALUNOS PERTENCENTES A CADA ESTILO DE APRENDIZAGEM**

Anova: fator único

RESUMO				
Grupo	Contagem	Soma	Média	Variância
Auditivo	22	148,13	6,73	
Sinestésico	19	132,50	6,97	
Leitor/escritor	7	43,38	6,2	
Visual	4	32,75	8,19	

ANOVA						
Fonte de variação	SQ	gl	MQ	F	valor P	F crítico
Entre grupos	10,73	3,00	3,58	1,98	0,13	2,20
Dentro dos grupos	86,82	48,00	1,81			
Total	97,55	51,00				

FONTE: Elaboração própria.

Durante essa análise, a hipótese nula consiste na afirmação de que a média de notas dos alunos com estilo auditivo é igual à média de notas dos alunos com estilo sinestésico, à dos alunos com estilo leitor/escritor e à dos alunos com estilo visual. A questão é avaliar se a evidência amostral (as diferenças entre as médias amostrais) é capaz de rejeitar essa hipótese, ou seja, de afirmar que pelo menos uma das médias é diferente, o que seria um forte indicativo de que o estilo de aprendizagem do aluno influencia o seu desempenho na atividade.

Como o valor P (12,99%) resultante ficou maior do que o nível de significância utilizado (10%), não é possível rejeitar a hipótese nula de que as médias são todas iguais. A relevante diferença entre as médias amostrais (em especial os dois pontos de diferença entre as médias dos dois últimos estilos) não foi percebida como estatisticamente significativa, ou seja, não foi suficiente para mostrar diferença de desempenho entre os estilos. Isso deveu-se, principalmente, aos poucos graus de liberdade da análise, decorrentes do tamanho bem reduzido das duas últimas amostras.

No entanto, a hipótese nula não ficou muito longe de ser rejeitada, já que o valor P não foi tão maior do que o nível de significância, dando a impressão de que, se fossem utilizadas amostras maiores (pelo menos para os dois últimos grupos), a hipótese de igualdade entre as médias teria sido rejeitada.

Dessa forma, mesmo que a diferença entre os grupos não se tenha mostrado estatisticamente significativa, parece razoável apontar que os dados estão sugerindo que os alunos com estilo visual apresentam o melhor desempenho nesse tipo de atividade (maior média), ficando os alunos com estilo leitor/escritor com o pior desempenho (menor média), e os alunos com estilos auditivo e sinestésico no meio-termo (médias medianas).

A teoria[7], por sua vez, sugere estratégias de ensino adequadas a cada estilo de aprendizagem:

» Visual — lousa, filmes, pesquisa na internet, exercícios, aulas práticas.

» Auditivo — aula expositiva, seminários, estudo de caso em grupo, palestras, debates.

---

7 MIRANDA; MIRANDA; COSTA, 2011.

» Leitor/Escritor — estudo de caso individual, leitura, resumos.

» Sinestésico — seminários, exercícios, aulas práticas, palestras, estudo de caso e outras estratégias alternativas.

Confrontando os resultados da pesquisa apresentada neste capítulo com o referencial teórico, não surpreende o fato de os alunos leitores/escritores terem tido o pior desempenho em um jogo de empresas, já que eles preferem atividades individuais e de leitura. Seu desempenho ter sido inferior, por exemplo, ao dos alunos visuais parece perfeitamente natural, já que estes preferem exercícios e aulas práticas.

Os alunos auditivos terem se posicionado entre esses dois grupos também vai ao encontro do que diz a teoria sobre a sua preferência: atividades em grupo e mais interativas do que as dos leitores/escritores, mas sem o apelo visual (de um jogo de empresas, por exemplo), preferido pelos alunos visuais.

Esperava-se, no entanto, que os alunos sinestésicos tivessem sido os de melhor desempenho, já que, conforme a teoria, eles preferem aulas práticas e estratégias alternativas de ensino, como é justamente o caso dos jogos de empresas.

E não custa lembrar que essa diferença de desempenho entre os alunos dos diferentes estilos mostrou-se não significativa, do ponto de vista estatístico, o que, de certa forma, vai de encontro aos achados de Dias, Sauaia e Yoshizaki (2012) que, apesar de terem pesquisado uma metodologia de classificação de estilos de aprendizagem diferente da abordada neste capítulo, verificaram, com significância estatística, que os alunos com um determinado estilo de aprendizagem (reflexivo, no caso) apresentaram um aproveitamento superior no jogo de empresas quando comparados aos alunos com outro estilo específico de aprendizagem (ativo, no caso).

Essa ausência de significância estatística também não encontra eco no que dizem Miranda, Miranda e Costa (2011), ao sugerirem que cada estratégia de ensino é mais ou menos adequada aos alunos em função dos seus estilos de aprendizagem, e que o grau de adequação da estratégia ao estilo é capaz de impactar a efetividade do processo de aprendizagem.

Considerações Finais

Na pesquisa aqui apresentada, os estilos de aprendizagem[8] de alunos participantes de três aplicações de um jogo de logística em turmas de graduação em administração foram utilizados como dados experimentais e cruzados com a nota final obtida por cada participante na atividade para testar se havia relação entre o estilo de aprendizagem do aluno e o seu desempenho no jogo.

Com uso desse procedimento metodológico, não foi verificada nenhuma diferença estatisticamente significativa entre as médias de notas de cada grupo de alunos pertencentes a cada um dos quatro estilos de aprendizagem.

Tais achados experimentais não confirmaram o que diz a teoria que sugere que determinadas metodologias de ensino (como os jogos de empresas) são mais ou menos adequadas a cada estilo de aprendizagem, o que já foi constatado em pesquisa empírica[9] abordando outra metodologia de classificação de estilos de aprendizagem.

Não obstante, a diferença entre as médias de notas referentes a cada estilo de aprendizagem quase se mostrou estatisticamente relevante, a 10% de significância, revelando um indicativo de melhor desempenho para os alunos com estilo visual e de pior desempenho para os alunos leitores/escritores, ficando os auditivos e sinestésicos no meio-termo, o que vai ao encontro, ao menos parcialmente, do que sugere a teoria.

Naturalmente, os resultados apresentados neste capítulo, até por causa da ausência de significância estatística, precisam ser vistos com as devidas ressalvas. Por exemplo, os achados da pesquisa apresentada neste capítulo não têm a pretensão de insinuar que a metodologia dos jogos de empresas é mais adequada para alunos visuais do que para alunos leitores/escritores, mas não deixam de consistir em um indicativo nesse sentido.

Dessa forma, parece válido sugerir que instituições de ensino e professores devem tentar utilizar jogos de empresas (ao menos na área de logística) com mais frequência junto a alunos visuais do que junto a alunos leitores/escritores.

Embora a operacionalização dessa sugestão pareça complicada, já que não soa como viável montar turmas só com alunos visuais, a saída pode ser encontrada com o oferecimento do jogo de empresas como uma disciplina eletiva,

8 VARK-LEARN, 2010.
9 DIAS; SAUAIA; YOSHIZAKI, 2012.

ficando a instituição responsável por identificar o estilo de aprendizagem dos seus alunos e recomendar, e até incentivar, aqueles identificados como visuais que cursem tal disciplina.

Ao mesmo tempo, os responsáveis pedagógicos da instituição devem estar atentos para a orientação dos alunos leitores/escritores que venham a participar da disciplina — seja eletiva, seja obrigatória — já que estes podem ter mais dificuldade em aprender através dos jogos de empresas. E não devem deixar de balancear a grade de disciplinas dos seus cursos com uma variedade de métodos instrucionais para atender à diversidade de estilos de aprendizagem presente no seu corpo discente.

A superioridade dos alunos visuais em termos de desempenho na atividade também sugere que o jogo não tem aspectos direcionados para todos os estilos de aprendizagem (ou, pelo menos, não no mesmo grau). Esse feedback aponta a necessidade de aperfeiçoamento do jogo com o intuito de incluir recursos pedagógicos (arquivos de áudio, seminários, informações impressas) capazes de privilegiar e cativar os alunos cujos estilos de aprendizagem se mostraram menos alinhados com a metodologia (auditivos, sinestésicos e, principalmente, os leitores/escritores). Tal aperfeiçoamento teria potencial para transformar a participação no jogo em uma experiência de aprendizagem mais efetiva para esses alunos.

Como ideias para estudos futuros, sugere-se uma investigação mais detalhada e aprofundada sobre os motivos que fizeram com que os alunos sinestésicos não tenham tido um desempenho na atividade tão bom (ou até superior) quanto o dos alunos visuais, o que era esperado.

Um estudo similar ao apresentado neste capítulo, mas reunindo mais turmas nas quais o mesmo jogo tenha sido aplicado, deve resultar em uma maior amostra para a pesquisa, o que provavelmente garantiria uma quantidade representativa de alunos em cada estilo de aprendizagem. Tal procedimento poderia fazer com que os resultados da pesquisa tivessem significância estatística, o que, certamente, emprestaria mais credibilidade às conclusões encontradas.

Outra ideia consiste em dar continuidade ao Laboratório de Logística para testar experimentalmente mais alguns elementos de pesquisa relacionados aos alunos, outros elementos institucionais (nível do curso, curso em si, período) e outros referentes ao formato da aplicação do jogo (presencial ou remoto, duração da atividade, grau de disponibilidade das informações), conforme sugeridos por Bouzada (2010).

Este Capítulo

Após testar aspectos pedagógicos relacionados ao simulador, a próxima parte do livro apresenta quatro testes realizados pelo Laboratório de Logística que visaram verificar elementos de pesquisa ligados especificamente à área de logística.

PARTE 3

ASPECTOS LOGÍSTICOS

Testando o
Trade-off de Compras

Introdução

Por se tratar de uma área de conhecimento muito ampla, genérica e dinâmica, a administração de empresas vem sofrendo diversas transformações ao longo dos últimos anos, em função das próprias pesquisas na área e das mudanças no panorama empresarial mundial. Dessa maneira, tem-se tornado cada vez mais forte a necessidade de aprendizagem, treinamento e reciclagem para pesquisadores da área de administração.

Existem diversas formas de conduzir pesquisas na área. No entanto, a metodologia de pesquisa a ser explorada neste trabalho procura inserir os envolvidos em um ambiente empresarial simulado: os jogos de empresas (*business games*).

A proposta geral desta pesquisa consistiu, então, em aplicar a metodologia intitulada Laboratório de Logística[1] para testar elementos de pesquisa na área de logística, já que ela é capaz de verificar experimentalmente diversas hipóteses de pesquisa e relacioná-las à teoria existente, confirmando-as ou refutando-as. Esse é o propósito central do trabalho.

Dessa forma, a teoria estaria sendo desenvolvida a partir de um método de simulação (o *business game*), como afirmam ser possível Davis, Eisenhardt e Bingham (2007).

....
1 BOUZADA, 2010.

O objetivo específico consistiu em testar se o tamanho médio do lote de aquisição de matérias-primas, o custo de aquisição e de estocagem e o próprio desempenho das empresas no jogo apresentam relação entre si.

Acredita-se que os resultados deste trabalho permitiram ajudar a verificar, entre outras coisas — em um ambiente simulado, em que o erro não acarreta consequências como no mundo real —, conforme prega a teoria[2], se as empresas que adquirem matéria-prima em grandes quantidades têm mesmo:

1. menores custos de aquisição (hipótese 1); e
2. maiores custos de estocagem (hipótese 2).

Adicionalmente, acredita-se que comprar matéria-prima em grandes quantidades não garante melhor desempenho financeiro para a empresa, mas que também não implica, necessariamente, piores resultados. A hipótese 3 de pesquisa fica, então, formalmente definida como: não há relação entre o tamanho do lote de aquisição de matéria-prima e o desempenho financeiro da empresa.

Tamanho Ideal do Estoque

Muitas vezes, pequenos lotes de compra são encomendados para satisfazer necessidades de produção. No entanto, uma das finalidades do estoque é permitir que menores preços possam ser obtidos na compra de mercadorias com o uso de lotes maiores do que as demandas imediatas.[3]

Na determinação do lote econômico de compras, é importante levar em conta que, quanto maior o tamanho do lote, maior será o estoque médio, e, consequentemente, maior será o custo de manutenção desse estoque por unidade de tempo. No entanto, quanto maior esse lote, menos ordens de compra são necessárias por unidade de tempo, e, assim, menor será o custo total de aquisição, pois menores serão os custos de pedidos e os custos unitários de aquisição por causa dos descontos por quantidade usualmente praticados pelos fornecedores.[4]

Os custos de manutenção de estoques e de aquisição têm comportamentos conflitantes. Quanto maiores as quantidades estocadas, maiores serão os custos de manutenção. Será necessária, entretanto, menor quantidade de

2 BALLOU, 1993; BOWERSOX; CLOSS, 1996; GOMES; RIBEIRO, 2004.
3 BALLOU, 1993.
4 BOWERSOX; CLOSS, 1996; GOMES; RIBEIRO, 2004.

pedidos, com lotes maiores, para manter os níveis de inventário, implicando menores custos de aquisição.[5]

Se o desconto associado à quantidade adquirida for suficiente para compensar o custo adicional de manutenção de estoques, esta passa a ser uma alternativa viável. Tais descontos por quantidade costumam ocasionar maiores quantidades adquiridas por encomenda.[6]

E a resposta para tal *trade-off*, segundo Wanke e Fleury (1999), depende do segmento de negócio no qual a empresa está inserida, já que o valor agregado dos produtos e a magnitude da demanda são capazes de impactar essa relação. Os autores questionam em quais segmentos reduções no tamanho do lote não compensariam eventuais deseconomias de escala, ou seja, em que setores os custos associados à aquisição são significativamente superiores aos custos de manutenção de estoques, inviabilizando economicamente os regimes enxutos de ressuprimento.

Em vista dessa especificidade e por causa dos fatores que impactam a quantidade ideal a ser adquirida, Motta e Osório (2009) procuraram obter o lote ótimo de compras para diferentes situações em que variava a relação entre os custos de preparação do pedido e as taxas de encargos financeiros.

Metodologia

O jogo foi aplicado, durante os anos de 2011, 2012, 2013 e 2014, em:

» quatro turmas de especialização em logística do COPPEAD/UFRJ, constituindo a própria disciplina jogo de logística;

» três turmas de graduação em administração da Escola Superior de Propaganda e Marketing (ESPM), nas suas três filiais (Rio de Janeiro, São Paulo e Porto Alegre), como parte integrante e uma das formas de avaliação de disciplinas relacionadas à logística empresarial;

» quatro turmas do CBA em logística (pós-graduação) do Instituto Brasileiro de Mercado de Capitais (IBMEC–RJ), constituindo a própria disciplina jogo de logística.

....
5 BALLOU, 1993.
6 BOWERSOX; CLOSS, 1996.

Cabe deixar claro que o objetivo deste trabalho não consistiu em testar o simulador em ambiente de sala de aula, mas, sim, em usá-lo para testar elementos de pesquisa, conforme destacado na Introdução.

Também não se pretendeu, neste momento, que os participantes do jogo conduzissem pesquisa aplicada. Tal tipo de atividade, conforme Sauaia (2010), é importante dentro do conceito mais amplo do Laboratório de Gestão, mas pareceu mais oportuno considerá-la apenas em termos de oportunidades futuras.

Nas turmas da ESPM e do COPPEAD, a aplicação se deu de forma remota, com os participantes enviando suas decisões semanalmente por e-mail para o aplicador, que rodou o simulador e devolveu os relatórios para as equipes, também semanalmente e por e-mail. Os participantes precisaram usar algo em torno de duas horas de computador semanais para tomar as decisões.

Nas turmas do IBMEC, a aplicação foi presencial, com o aplicador estando junto à turma durante as 15 horas divididas nas 5 aulas dedicadas à disciplina.

Em todas as turmas, cada equipe fez uma apresentação após o final do jogo destacando a estratégia da empresa, como as tarefas foram divididas, os principais erros e acertos da equipe, as ferramentas de apoio utilizadas e qual foi o aprendizado resultante da atividade. Nessa apresentação, todos os integrantes de cada equipe tiveram que se manifestar oralmente.

Ao final das apresentações, o aplicador atribuiu uma nota individual para cada aluno, tentando refletir o seu nível de participação na atividade, a coerência das suas decisões e a intensidade do seu empenho.

Cada equipe também recebeu uma nota coletiva, refletindo simplesmente o desempenho financeiro da empresa administrada por ela.

A nota final de cada aluno na atividade foi obtida pelo cálculo da média aritmética entre a nota individual na apresentação (subjetiva) e a nota coletiva (objetiva).

Esses procedimentos encerraram a coleta de dados. Estes foram tratados para atender aos objetivos de pesquisa, conforme detalhado a seguir.

Para testar o "*trade-off* de compras", ou seja, se o tamanho médio do lote de aquisição de matérias-primas é capaz de impactar de forma diferente alguns custos operacionais e o próprio desempenho das empresas no jogo, foi realizada uma análise de correlação linear múltipla (uma análise de correlação linear simples para cada par de variáveis), considerando indistintamente as empresas de todas as turmas que participaram do jogo. Os valores das quatro variáveis envolvidas na análise (totalizando, assim, seis correlações, duas variáveis a duas) foram coletados, para cada empresa, conforme especificado a seguir:

1. tamanho médio do pedido (toneladas) — total de toneladas encomendadas em todos os pedidos de matérias-primas dividido pela quantidade total de pedidos de matéria-prima;

2. custo de aquisição relativo (%) — custo total de aquisição de matéria-prima de todas as encomendas dividido pelo faturamento total da empresa ao longo de todas as semanas;

3. custo de estocagem relativo (%) — custo total de estocagem de matéria-prima dividido pelo faturamento total da empresa ao longo de todas as semanas;

4. resultado final (R$) — receita acumulada menos custo total acumulado ao longo de todas as semanas.

Os resultados dos testes foram comparados às conclusões teóricas e empíricas (mas não experimentais) encontradas na literatura acerca dos elementos envolvidos na análise e da sua influência no mundo real, assim como fizeram Lima e Sauaia (2008) em relação ao impacto do investimento em P&D nos resultados empresariais, Ribeiro (2012), quanto ao impacto de um bom planejamento da produção nos custos de produção, Lemos (2011) e Oliveira e Alves (2012), em relação ao impacto do preço na receita de vendas e no desempenho financeiro, Silva e Sauaia (2012), quanto ao impacto do cumprimento do plano de marketing na redução das incertezas e na melhoria do desempenho, e Rivera, Domenico e Sauaia (2014), em relação à influência da heterogeneidade dos times de alta gerência — em termos de valores individuais — no seu desempenho.

Por exemplo, de acordo com a teoria, espera-se, em princípio, que as empresas que compram matéria-prima em grandes lotes tenham custos de aquisição menores (hipótese de pesquisa 1) e custos de estocagem maiores (hipótese 2).

Resultados

Os valores das variáveis descritas na seção anterior foram coletados para as empresas que participaram das 11 turmas mencionadas e estão apresentados na Tabela 5.1.

TABELA 5.1. **TAMANHO MÉDIO DO PEDIDO, CUSTOS DE AQUISIÇÃO E DE ESTOCAGEM RELATIVOS E RESULTADO FINAL DAS 41 EMPRESAS ADMINISTRADAS PELOS JOGADORES DAS 11 TURMAS**

INSTITUIÇÃO	TURMA	EMPRESA	TAMANHO MÉDIO DO PEDIDO (T)	CUSTO DE AQUISIÇÃO RELATIVO	CUSTO DE ESTOCAGEM RELATIVO	RESULTADO FINAL
COPPEAD	1	1	6,84	90,14%	4,60%	-R$3.574.432,08
		2	13,00	57,42%	4,62%	-R$4.055.470,60
		3	3,83	15,67%	1,16%	R$4.450.625,59
		4	36,62	168,40%	8,83%	-R$6.077.456,96
	2	1	10,47	12,40%	0,59%	R$18.160.521,84
		2	3,33	5,57%	0,45%	R$19.142.915,26
		3	78,08	15,72%	4,90%	R$2.977.891,59
		4	11,65	6,47%	1,00%	R$19.303.901,00
	3	1	6,97	26,80%	0,66%	R$8.045.996,71
		2	5,29	15,32%	1,72%	R$4.264.527,77
		3	8,11	6,38%	0,58%	R$33.378.753,41
		4	108,51	11,40%	1,33%	R$5.586.796,29
	4	1	23,00	25,05%	8,72%	-R$3.420.239,70
		2	1,52	3,59%	1,45%	R$32.431.805,69
		3	3,86	18,54%	12,01%	R$1.667.756,33
		4	10,17	9,59%	1,49%	R$26.893.404,76
ESPM	1	1	8,13	5,16%	0,49%	R$11.475.324,06
		2	1,10	17,37%	1,22%	R$2.017.606,86
		3	302,95	43,07%	3,96%	-R$1.194.877,79
		4	0,69	117,86%	19,31%	-R$936.490,04
	2	1	1.517,66	548,58%	59,30%	-R$984.526,98
		2	11,81	140,90%	0,23%	-R$2.241.996,19
		3	5.714,64	243,81%	0,01%	-R$1.429.329,85
	3	1	10,36	15,59%	1,68%	R$1.743.271,88
		2	22,98	1116,44%	22,20%	-R$3.774.844,95
		3	2,16	96,27%	6,88%	-R$3.829.062,81
		4	31,98	322,65%	14,57%	-R$3.084.355,32

INSTITUIÇÃO	TURMA	EMPRESA	TAMANHO MÉDIO DO PEDIDO (T)	CUSTO DE AQUISIÇÃO RELATIVO	CUSTO DE ESTOCAGEM RELATIVO	RESULTADO FINAL
IBMEC	1	1	1,96	19,70%	0,23%	R$2.844.143,37
		2	6,54	26,33%	0,64%	R$337.966,07
		3	6,99	36,74%	0,79%	R$2.179.622,36
		4	65,86	73,44%	2,84%	-R$3.126.649,08
	2	1	14,43	18,51%	1,82%	R$600.509,52
		2	14,53	13,37%	0,44%	R$2.483.744,09
		3	10,03	46,85%	0,24%	R$2.201.095,02
	3	1	5,08	69,61%	0,24%	-R$2.015.411,25
		2	3,46	14,90%	0,27%	R$2.168.201,89
		3	2,25	6,28%	0,29%	R$4.822.926,85
		4	2,87	29,43%	0,41%	R$1.659.734,05
	4	1	9,60	51,25%	1,64%	-R$434.308,05
		2	16,88	42,52%	0,61%	R$5.237.445,56
		3	7,12	18,18%	1,41%	R$3.626.296,64

Fonte: Elaboração própria.

Como pode ser observado nos valores destacados em cinza, algumas equipes de duas turmas da ESPM obtiveram alguns indicadores logísticos muito discrepantes dos demais. Acredita-se que isso tenha ocorrido em função de não ter havido um entendimento pleno do funcionamento do jogo por parte dos integrantes dessas equipes. Em função disso, parece razoável eliminar da amostra as equipes 1 e 3 da turma 2 e as equipes 2 e 4 da turma 3 da ESPM, de forma a evitar que seus dados poluam e comprometam a análise.

De posse dos dados das 37 empresas remanescentes da amostra, foi possível realizar a análise de correlação múltipla anteriormente mencionada e testar as hipóteses estabelecidas na Seção 1.

Os coeficientes de correlação linear de Pearson obtidos da análise podem ser observados na Tabela 5.2.

TABELA 5.2. **COEFICIENTES DE CORRELAÇÃO LINEAR (R) ENTRE TAMANHO MÉDIO DO PEDIDO, CUSTOS DE AQUISIÇÃO E DE ESTOCAGEM RELATIVOS E RESULTADO FINAL DAS 37 EMPRESAS DA AMOSTRA**

R	TAMANHO MÉDIO DO PEDIDO (T)	CUSTO DE AQUISIÇÃO RELATIVO	CUSTO DE ESTOCAGEM RELATIVO
Custo de aquisição relativo	0,04		
Custo de estocagem relativo	0,07	0,48	
Resultado final	-0,16	-0,54	-0,32

FONTE: Elaboração própria.

Em cinza claro está destacada a única correlação moderada positiva (entre 0,3 e 0,6); em cinza escuro estão destacadas as correlações moderadas negativas (entre -0,3 e -0,6); as correlações fracas (abaixo de 0,3) não estão destacadas.

Relação entre o Tamanho Médio do Pedido e o Custo de Aquisição Relativo

Essa relação pode ser visualizada graficamente na Figura 5.1.

FIGURA 5.1. **TAMANHO MÉDIO DO PEDIDO VERSUS CUSTO DE AQUISIÇÃO RELATIVO**

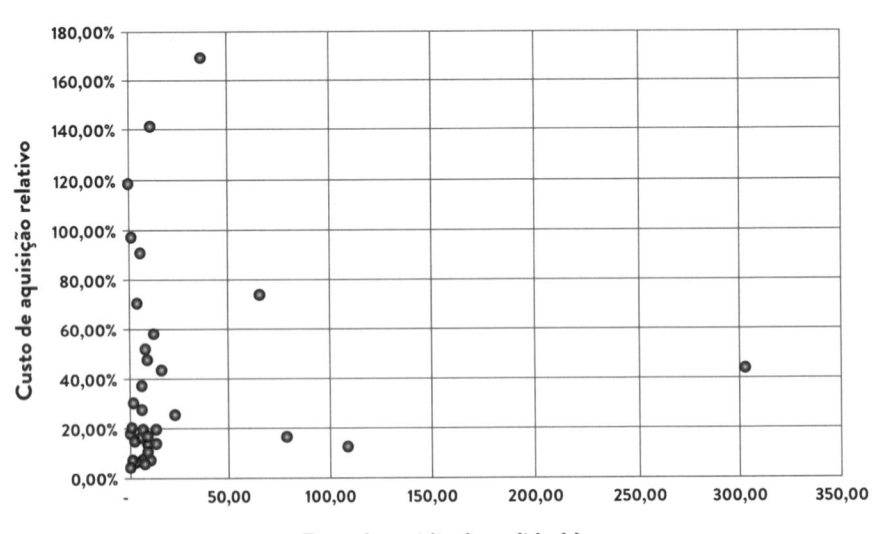

FONTE: Elaboração própria.

É possível perceber uma completa falta de alinhamento entre as duas variáveis. Tal percepção é confirmada com a observação do coeficiente de correlação linear de Pearson (r).

O valor de 0,04 para r indica ausência de correlação (abaixo de 0,3). Esse valor não é estatisticamente diferente de zero, a 10% de significância.

Em outras palavras, não é possível afirmar que, de uma maneira geral, as empresas que compraram em maiores quantidades obtiveram menores custos de aquisição, o que contribui para rejeitar a hipótese de pesquisa 1 — empresas que adquirem matéria-prima em grandes quantidades têm mesmo menores custos de aquisição.

Relação entre o Tamanho Médio do Pedido e o Custo de Estocagem Relativo

Essa relação pode ser observada na Figura 5.2.

FIGURA 5.2. **TAMANHO MÉDIO DO PEDIDO VERSUS CUSTO DE ESTOCAGEM RELATIVO**

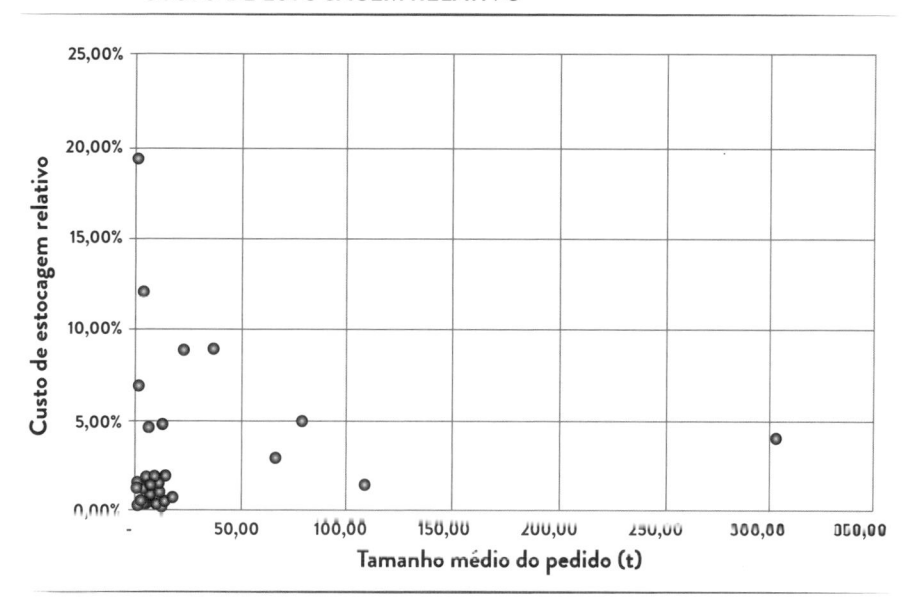

FONTE: Elaboração própria.

Também nesse caso, percebe-se uma falta de alinhamento. O valor de 0,07 obtido para r confirma a ausência de correlação. Esse valor não é estatisticamente diferente de zero, a 10% de significância.

Assim, não é possível afirmar que, de uma maneira geral, as empresas que compraram maiores quantidades obtiveram maiores custos de estocagem, o que contribui para rejeitar a hipótese de pesquisa 2 — empresas que adquirem matéria-prima em grandes quantidades têm mesmo maiores custos de estocagem.

Relação entre o Tamanho Médio do Pedido e o Resultado Final

A Figura 5.3 evidencia essa relação.

FIGURA 5.3. **TAMANHO MÉDIO DO PEDIDO VERSUS RESULTADO FINAL**

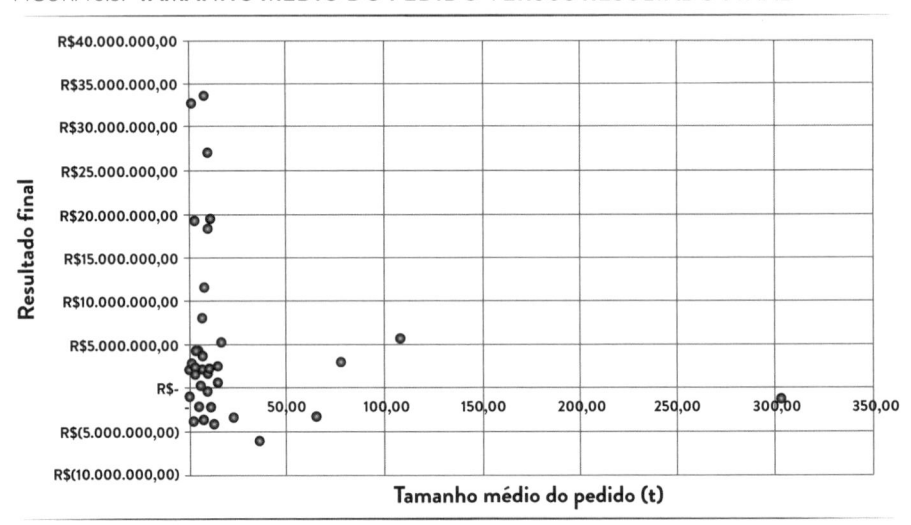

FONTE: Elaboração própria.

Novamente pode-se observar uma relação nebulosa entre as variáveis. O coeficiente r apresentou valor de -0,16, o que caracteriza uma correlação negativa, mas fraca. Esse valor não é estatisticamente diferente de zero, a 10% de significância.

Dessa forma, não é possível afirmar que as empresas que compraram em maiores quantidades obtiveram melhores nem piores desempenhos no jogo, o que contribui para confirmar a hipótese de pesquisa 3 — não há relação entre o tamanho do lote de aquisição de matéria-prima e o desempenho financeiro da empresa.

Relação entre o Custo de Aquisição Relativo e o Custo de Estocagem Relativo

A Figura 5.4 viabiliza a visualização dessa relação.

FIGURA 5.4. **CUSTO DE AQUISIÇÃO RELATIVO VERSUS CUSTO DE ESTOCAGEM RELATIVO**

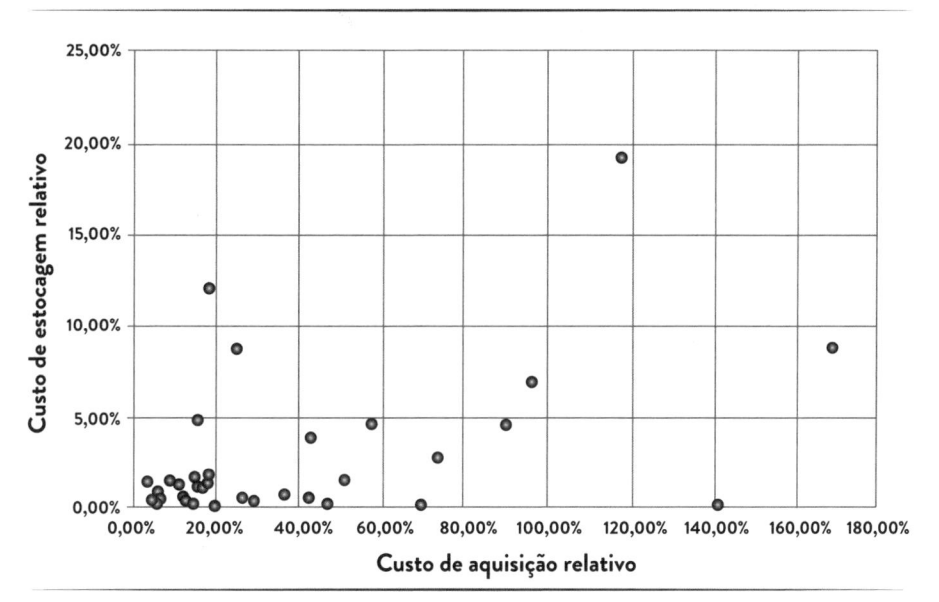

FONTE: Elaboração própria.

Nesse caso, é nítido um alinhamento mais acentuado entre as variáveis do que nas situações anteriores. Tal percepção é confirmada com o valor obtido para r: 0,48, indicando uma correlação positiva moderada (entre 0,3 e 0,6). Esse valor é estatisticamente diferente de zero, a 1% de significância.

Por conseguinte, é possível afirmar que, de uma maneira geral e com moderada convicção, as empresas que tiveram custos de aquisição maiores também obtiveram custos de estocagem maiores.

Relação entre o Custo de Aquisição Relativo e o Resultado Final

Essa relação pode ser observada na Figura 5.5.

FIGURA 5.5. **CUSTO DE AQUISIÇÃO RELATIVO VERSUS RESULTADO FINAL**

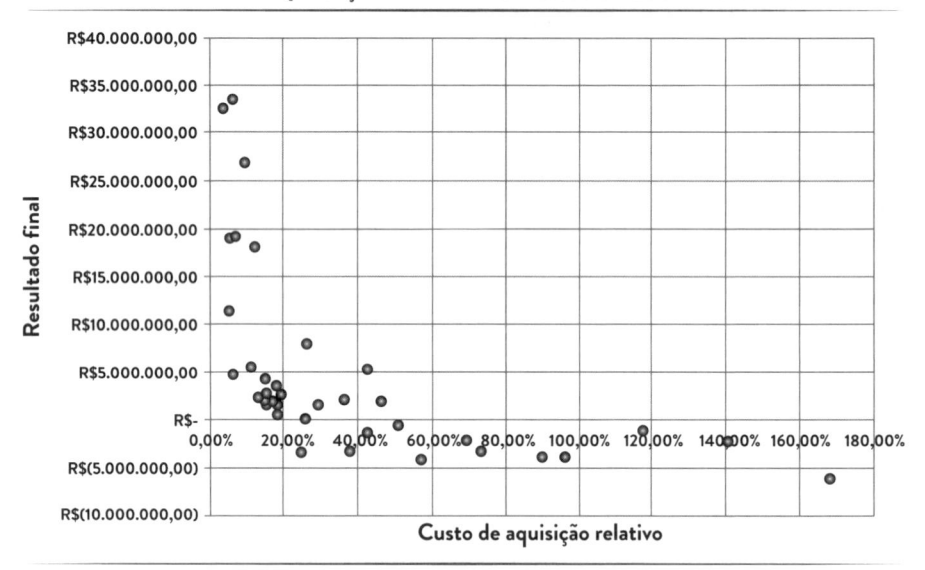

FONTE: Elaboração própria.

O alinhamento nesse caso também parece bem definido, mas dessa vez de forma inversa, ou seja, com uma variável diminuindo quando a outra aumenta. O sinal obtido para r confirma essa expectativa e o seu valor, -0,54, sugere uma correlação negativa moderada (entre 0,3 e 0,6). Esse valor é estatisticamente diferente de zero, a 1% de significância.

Ou seja, é possível afirmar que, de uma maneira geral e com moderada convicção, as empresas que tiveram custos de aquisição maiores alcançaram piores desempenhos no jogo.

Relação entre o Custo de Estocagem Relativo e o Resultado Final

A Figura 5.6 fornece subsídios sobre essa relação.

FIGURA 5.6. **CUSTO DE ESTOCAGEM RELATIVO VERSUS RESULTADO FINAL**

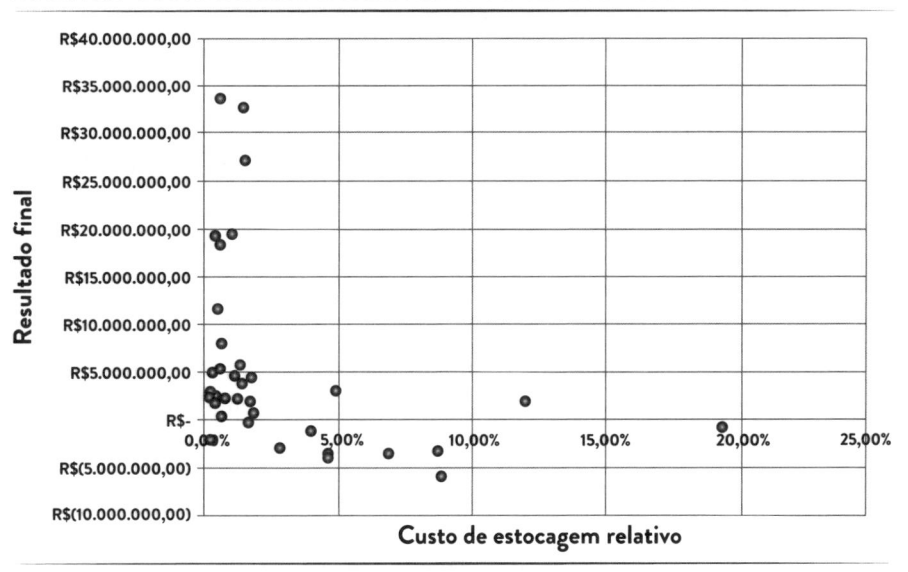

FONTE: Elaboração própria.

O alinhamento também é inverso, como no caso anterior, mas razoavelmente menos marcante. O valor de r de -0,32 também implica uma correlação negativa moderada, mas menos acentuada. Esse valor também é estatisticamente diferente de zero, mas a 10% de significância.

É possível afirmar que, de uma maneira geral e com moderada convicção, as empresas que tiveram maiores custos de estocagem conseguiram piores desempenhos no jogo.

Considerações Finais

Este trabalho procurou fazer uso de uma metodologia tipicamente de ensino (os jogos de empresas) para servir de palco experimental para pesquisa, em uma tentativa de verificar ou refutar a teoria na área de logística.

As variáveis tamanho médio do pedido, custo de aquisição relativo, custo de estocagem relativo e resultado final de empresas virtuais, participantes de 11 aplicações de um jogo de logística em turmas de graduação e pós-graduação, foram utilizadas como dados experimentais para verificar algumas relações entre essas variáveis, que a teoria prega existir, e testar três hipóteses de pesquisa.

A hipótese 1 — empresas que adquirem matéria-prima em grandes quantidades têm menores custos de aquisição — foi rejeitada. Esse resultado empírico vai de encontro ao que dizem Ballou (1993) sobre a possibilidade de obtenção de menores preços na compra de mercadorias com o uso de lotes maiores de aquisição e Bowersox e Closs (1996) e Gomes e Ribeiro (2004) sobre a necessidade de uma menor quantidade de ordens de compra quando os lotes são maiores acarretando menores custos de aquisição, pois menores seriam os custos de pedidos e os custos unitários de aquisição por causa dos descontos por quantidade usualmente praticados pelos fornecedores.

A hipótese 2 — empresas que adquirem matéria-prima em grandes quantidades têm maiores custos de estocagem — também foi rejeitada. Esse resultado contraria Bowersox e Closs (1996) e Gomes e Ribeiro (2004), que afirmam que quanto maior o tamanho do lote, maior será o estoque médio, e, consequentemente, maior será o custo de manutenção desse estoque por unidade de tempo.

Já a hipótese 3 — não há relação entre o tamanho do lote de aquisição de matéria-prima e o desempenho financeiro da empresa — foi confirmada.

Wanke e Fleury (1999) dizem que as considerações sobre esse *trade-off* do tamanho do lote de aquisição dependem do segmento do negócio. Já Motta e Osório (2009) destacam a especificidade do segmento e os fatores que impactam a quantidade ideal a ser adquirida. Em outras palavras, todos esses autores sugerem não haver uma relação óbvia entre o tamanho do lote e o desempenho da empresa válida para qualquer caso. Caso contrário, haveria uma sugestão implícita de existência de uma estratégia vencedora de maximização do resultado da empresa. E, se assim fosse, todas as empresas tentariam praticar essa estratégia, maximizando ou minimizando o lote de compras. E isso, obviamente, não é o que ocorre na realidade.

Assim, de certa forma, a confirmação da última hipótese de pesquisa vai ao encontro do que dizem os últimos autores mencionados.

Além das relações presentes nas hipóteses de pesquisa, outras três foram testadas. A relação entre os custos relativos de aquisição e estocagem revelou-se positivamente moderada, o que contraria parcialmente Ballou (1993), que afirma que os custos de manutenção de estoques e de aquisição têm comportamentos conflitantes.

Já a relação entre o resultado final da empresa e seus custos relativos de aquisição e estocagem se mostrou moderadamente negativa em ambos os casos. Como o custo é um componente muito influente no desempenho final das empresas no jogo, era mesmo de se esperar que menores custos implicassem melhores resultados.

Naturalmente, os resultados deste trabalho precisam ser vistos com as devidas ressalvas, já que um jogo de empresas depende de um simulador, que: (i) se aplique a um contexto específico de produtos, matérias-primas e dinâmicas de concorrência, podendo, eventualmente, ter pouca representatividade no contexto analisado; e (ii) seja construído em cima de modelo que, por sua vez, nunca deixe de ser uma simplificação da realidade, em função de não contemplar — tanto por conveniência do algoritmo quanto por questões de parcimônia — muitas variáveis relevantes.

Além disso, as empresas participantes das aplicações do jogo foram geridas por alunos (com maior ou menor grau de experiência na área), muitos deles de graduação, e não por profissionais extremamente experientes na área de logística. Dessa forma, seria muito leviano afirmar que os resultados seriam exatamente os mesmos se as decisões que impactam os indicadores estudados tivessem sido tomadas por profissionais de mercado pertencentes a empresas reais, o que caracterizaria uma pesquisa empírica, e não experimental, como foi a relatada neste capítulo.

Não obstante, os resultados experimentais aqui apresentados podem e devem ser lavados em conta, pois lançam luz a respeito de alguns modelos teóricos, ora verificando-os, ora refutando-os, contribuindo para um melhor entendimento deles, mas nunca tendo a pretensão de serem definitivos acerca de tais fenômenos.

Além disso, esses resultados, especialmente os que refutam as hipóteses teóricas, podem servir de inspiração para ideias e abrir portas para estudos futuros capazes de, por exemplo, verificar mais detalhadamente a relação entre o tamanho do lote e o custo de estocagem para entender o motivo de compras em grandes lotes não terem implicado menores custos de estocagem; ou ainda, identificar em que situações custos de aquisição e de estocagem podem não caminhar em sentidos opostos, como ocorreu na pesquisa apresentada neste capítulo.

Outra sugestão para trabalhos futuros consiste em dar continuidade ao Laboratório de Logística para testar experimentalmente mais alguns elementos de pesquisa na área de logística, conforme sugeridos por Bouzada (2010).

ESTE CAPÍTULO

Após testar o famoso *trade-off* de compras, a proposta do próximo capítulo é ajudar a entender como a centralização dos estoques pode impactar o desempenho da empresa.

Testando o Impacto da Estratégia de Centralização de Estoques

Introdução

Nas pesquisas apresentadas nos capítulos anteriores, um jogo de empresas foi utilizado para testar a teoria relacionada a aspectos pedagógicos da aplicação do jogo (assimilação por parte dos alunos e estilos de aprendizagem).

Mas também há a possibilidade de serem usados jogos de empresas para testar experimentalmente elementos de pesquisa, inclusive na área de logística, e relacioná-los à teoria existente. Por exemplo, será que as empresas que descentralizam seus estoques apresentam mesmo custos de transporte menores, níveis de serviço melhores, mas custos de operação e estocagem mais altos, como prega a teoria?[1]

O objetivo da pesquisa apresentada neste capítulo consiste em verificar se diferentes estratégias logísticas de (des)centralização de estoques são capazes de impactar alguns indicadores de desempenho e o próprio desempenho das empresas no jogo.

Antes de apresentar a modelagem e o resultado dos testes, realiza-se uma breve revisão acerca da importância dos centros de distribuição e do potencial impacto da sua presença em alguns indicadores de desempenho da empresa, justamente os explorados na pesquisa aqui apresentada.

....
1 BALLOU, 1993; LEAL, 1995; BOWERSOX; CLOSS, 1996.

Centros de Distribuição e Seus Potencias Impactos

De acordo com Moura (1997) e Hill (2003), os centros de distribuição (CDs) são projetados para colocar produtos em movimento, e não apenas para armazená-los. Os fatores principais que levam ao seu uso são aumento na frequência de pedidos, redução do *lead time*, desempenho nas entregas, localização geográfica, melhoria no nível de serviço, redução dos custos logísticos, aumento do *market share* e consolidação da imagem no mercado.

Os centros de distribuição consistem em fonte de diferenciação competitiva, já que podem reduzir custos de transporte e agregar valor por meio da disponibilidade imediata de produtos, permitindo o atendimento à demanda de forma personalizada e com a rapidez desejada pelo consumidor.[2]

De acordo com a localização das fontes de matérias-primas, do mercado e das vias de acesso, haverá necessidade de maior ou menor quantidade de centros de armazenagem ou distribuição.[3]

Santos (2006, p. 35) afirma que "a implementação de um CD pode racionalizar os níveis de estoques contribuindo para a redução do custo logístico total, pois o estoque centralizado permite acompanhar melhor os níveis de estoque e controlar as necessidades de reabastecimento".

Mas Bowersox e Closs (1996) afirmam que nenhum armazém deve ser incluído em uma malha logística, a menos que uma análise de custo e benefício justifique sua inclusão. Como consequência, Viana (2002) identificou no início deste século uma tendência nas empresas brasileiras de diminuição na quantidade de centros de distribuição.

Bowersox e Closs (1996) exemplificam potenciais impactos logísticos da utilização de armazéns (ou centros de distribuição): aumento dos custos operacionais e de estocagem e redução do custo total de transporte, entre outros.

Ballou (1993) corrobora essa ideia ao afirmar que quanto maior a quantidade de pontos de armazenagem, maiores serão os custos de operação e de estocagem, e menores serão os custos de transporte, havendo um ponto intermediário ótimo em termos de custos totais, encontrado por Leal (1995) enquanto tratava do problema de localização de depósitos para a distribuição de combustíveis, e por Georges

....
2 BOURAHLI, A. *et al.*, 2010.
3 GOMES; RIBEIRO, 2004.

(2010) enquanto atacava o problema de localização de instalações com seus alunos no ambiente do seu jogo de tabuleiro pedagógico intitulado Jogo da Logística.

Leal (1995, p. 45) justifica o aumento nos custos operacionais ao constatar, em uma operação de distribuição de combustíveis, que "com o decréscimo do número de bases, o volume médio de produtos transferido por instalação aumenta, gerando economias de escala que determinam uma redução no custo total de operação".

Ballou (1993) afirma que os custos de manter estoques crescem em função de aumentos nos níveis de estoque de segurança necessários para proteger cada armazém contra incertezas na demanda, ou, nas palavras de Leal (1995, p. 25), "o estoque de segurança total do sistema decresce com o número de depósitos".

Georges (2010), ministrando a disciplina de logística, verificou essa relação direta entre a quantidade de centros de distribuição e os custos de estocagem durante a aplicação do seu Jogo da Logística.

A economia nos custos de transporte é obtida uma vez que quantidades maiores e mais econômicas podem ser usadas (inclusive através da utilização de outros modais mais baratos) para abastecer os centros de distribuição, de onde partem as cargas fracionadas para os clientes, percorrendo pequenas distâncias a um frete mais alto.[4]

Leal (1995, p. 45) corroborou essa afirmação ao fragmentar o custo de transporte na distribuição de combustíveis em dois componentes: (i) "o custo de transferência diminui na medida em que um número menor de bases deve ser atendido, e a localização destas aproxima-se cada vez mais dos pontos de suprimento"; mas (ii) os mais significativos "custos de entrega, inversamente, aumentam com o decréscimo do número de bases, já que, com menos bases, a distância média total dos clientes à base mais próxima aumenta".

Essa relação inversa entre a quantidade de centros de distribuição e os custos de transporte também foi verificada por Georges (2010) durante a aplicação do Jogo da Logística em sala de aula.

Além disso, Ballou (1993) e Bowersox e Closs (1996) lembram que, pela estocagem do produto mais próxima aos consumidores (através de mais centros de distribuição), pode ser obtida uma melhoria nos níveis de serviço em função de redução no prazo de entrega e aumento na disponibilidade de produtos.

....
4 BALLOU, 1993.

Coleta dos Dados

O jogo BR-LOG foi aplicado durante o ano de 2012 e os primeiros meses de 2013 em três turmas de graduação em administração da ESPM, como parte integrante e como uma das formas de avaliação de disciplinas relacionadas à logística, em uma turma de especialização em logística do COPPEAD/UFRJ e em uma turma do CBA em logística (pós-graduação) do IBMEC/RJ. Nas duas últimas turmas, o jogo constituiu a própria disciplina jogo de logística.

Nas quatro primeiras turmas, a aplicação se deu de forma remota, com os participantes enviando suas decisões semanalmente por e-mail para o aplicador, que rodou o simulador e devolveu os relatórios para as equipes, também semanalmente e por e-mail. Os participantes precisaram usar algo em torno de duas horas de computador semanais para tomar as decisões.

Na última turma, a aplicação foi presencial, com o aplicador estando junto à turma durante as quinze horas divididas nas cinco aulas dedicadas à disciplina.

Nas cinco turmas, cada equipe fez uma apresentação, após o final do jogo, destacando a estratégia da empresa, como as tarefas foram divididas, os principais erros e acertos da equipe, as ferramentas de apoio utilizadas e qual foi o aprendizado resultante da atividade. Nessa apresentação, todos os integrantes de cada equipe tiveram que se manifestar oralmente.

Ao final das apresentações, o aplicador atribuiu uma nota individual a cada aluno, tentando refletir o seu nível de participação na atividade, a coerência das suas decisões e a intensidade do seu empenho.

Cada equipe também recebeu uma nota coletiva, refletindo simplesmente o desempenho financeiro da empresa administrada por ela.

A nota final de cada aluno na atividade foi obtida pelo cálculo da média aritmética entre a sua nota individual na apresentação (subjetiva) e a nota coletiva (objetiva).

Isso encerrou a coleta de dados, já que as informações referentes aos aspectos logísticos e indicadores de desempenho das empresas participantes do jogo — necessárias para testar os elementos de pesquisa — foram automaticamente coletadas e ficaram armazenadas no simulador.

Tratamento dos Dados

Para cumprir o objetivo da pesquisa apresentada neste capítulo e testar se diferentes estratégias logísticas de (des)centralização de estoques são capazes de impactar alguns indicadores de desempenho e o próprio desempenho das empresas no jogo, foram realizadas cinco análises de correlação, considerando indistintamente as empresas das cinco turmas que participaram do jogo. Cada análise tentou correlacionar a quantidade de centros de distribuição (tanto os armazéns anexos às fábricas quanto os independentes) da empresa a:

1. seu custo de operação dos armazéns dividido pelo faturamento;[5]
2. seu custo de estocagem dividido pelo faturamento;
3. seu custo de transportes dividido pelo faturamento;
4. seu nível de serviço logístico ou, em outras palavras, o percentual médio (considerando os cinco produtos) das encomendas que foram atendidas;
5. seu desempenho financeiro (lucro líquido) final no jogo.

Os resultados dos testes foram comparados às conclusões teóricas e empíricas (mas não experimentais) encontradas na literatura acerca dos elementos envolvidos na análise e da sua influência no mundo real, assim como fizeram Lima e Sauaia (2008) em relação ao impacto do investimento em P&D nos resultados empresariais; Ribeiro (2012), em relação ao impacto de um bom planejamento da produção nos custos de produção; Lemos (2011), em relação ao impacto do preço na receita de vendas; e Silva e Sauaia (2012), em relação ao impacto do cumprimento do plano de *marketing* na redução das incertezas e na melhoria do desempenho.

Apresentação dos Resultados

Em cada uma das cinco turmas que participaram do jogo, quatro empresas competiram entre si. Infelizmente, na aplicação da ESPM (RJ), umas das equipes desistiu da atividade no meio do processo e, portanto, os resultados da empresa administrada por ela não foram considerados na análise.

....

5 Os três primeiros indicadores (custos) foram divididos pelo faturamento da empresa para proporcionar uma ideia relativa de cada custo perante o nível de atividade da empresa.

A Tabela 6.1 apresenta, para cada uma das 19 empresas participantes, a quantidade de centros de distribuição (CDs) abertos por elas, assim como cada um dos cinco indicadores de custo, serviço e desempenho apresentados na seção anterior.

TABELA 6.1. **QUANTIDADE DE CDs E INDICADORES DE CUSTO, SERVIÇO E DESEMPENHO DAS EMPRESAS PARTICIPANTES DO JOGO**

EMPRESA	QUANTIDADE DE CDs	CUSTO DE OPERAÇÃO DOS ARMAZÉNS / FATURAMENTO	CUSTO DE ESTOCAGEM / FATURAMENTO	CUSTO DE TRANSPORTES / FATURAMENTO	NÍVEL DE SERVIÇO LOGÍSTICO	LUCRO LÍQUIDO FINAL
ESPM (RJ) - 1	2	40,76%	255,07%	73,55%	0,31%	-R$984.527,00
ESPM (RJ) - 2	5	1,47%	3,63%	13,27%	19,96%	-R$2.241.996,00
ESPM (RJ) - 3	2	13,00%	83,39%	8,95%	5,44%	-R$1.429.330,00
ESPM (SP) - 1	6	1,49%	7,46%	6,94%	8,82%	R$1.743.272,00
ESPM (SP) - 2	6	139,90%	322,72%	32,55%	1,18%	-R$3.774.845,00
ESPM (SP) - 3	6	6,38%	22,32%	5,62%	2,38%	-R$3.829.063,00
ESPM (SP) - 4	6	18,36%	204,02%	25,22%	9,41%	-R$3.084.355,00
ESPM (RS) - 1	5	0,23%	2,84%	1,93%	43,17%	R$11.475.324,00
ESPM (RS) - 2	5	0,66%	2,20%	6,22%	32,56%	R$2.017.607,00
ESPM (RS) - 3	3	10,04%	8,71%	14,45%	27,35%	-R$1.194.878,00
ESPM (RS) - 4	3	1,42%	63,08%	16,66%	2,52%	-R$936.490,00
IBMEC - 1	6	0,73%	3,09%	10,26%	42,67%	R$2.844.143,00
IBMEC - 2	2	0,31%	3,22%	15,77%	66,87%	R$337.966,00
IBMEC - 3	4	0,13%	5,74%	6,11%	75,53%	R$2.179.622,00
IBMEC - 4	3	14,50%	21,54%	15,25%	30,60%	-R$3.126.649,00
COPPEAD - 1	6	0,41%	3,37%	5,39%	71,10%	R$18.160.522,00
COPPEAD - 2	5	0,27%	2,64%	6,00%	37,09%	R$19.142.915,00
COPPEAD - 3	5	2,38%	7,21%	6,37%	34,25%	R$2.977.892,00
COPPEAD - 4	3	0,23%	5,00%	3,78%	51,94%	R$19.303.901,00

FONTE: Elaboração própria.

A Figura 6.1 destaca, visualmente, a relação entre a quantidade de CDs e o custo de operação dos armazéns dividido pelo faturamento para as 19 empresas participantes da atividade.

A magnitude e o sentido dessa relação podem ser entendidos através do coeficiente de correlação linear (r) entre as duas variáveis: 0,13.

A Figura 6.2 destaca a relação entre a quantidade de CDs e o custo de estocagem dividido pelo faturamento para as 19 empresas participantes da atividade.

O coeficiente de correlação linear obtido para o par de variáveis foi -0,01.

A Figura 6.3 destaca a relação entre a quantidade de CDs e o custo de transportes dividido pelo faturamento para as 19 empresas participantes da atividade.

O coeficiente de correlação linear obtido para o par de variáveis foi -0,32.

A Figura 6.4 destaca a relação entre a quantidade de CDs e o nível de serviço logístico para as 19 empresas participantes da atividade.

O coeficiente de correlação linear obtido para o par de variáveis foi -0,04.

FIGURA 6.1. **RELAÇÃO QUANTIDADE DE CDs VERSUS CUSTO RELATIVO (%) DE OPERAÇÃO DOS ARMAZÉNS**

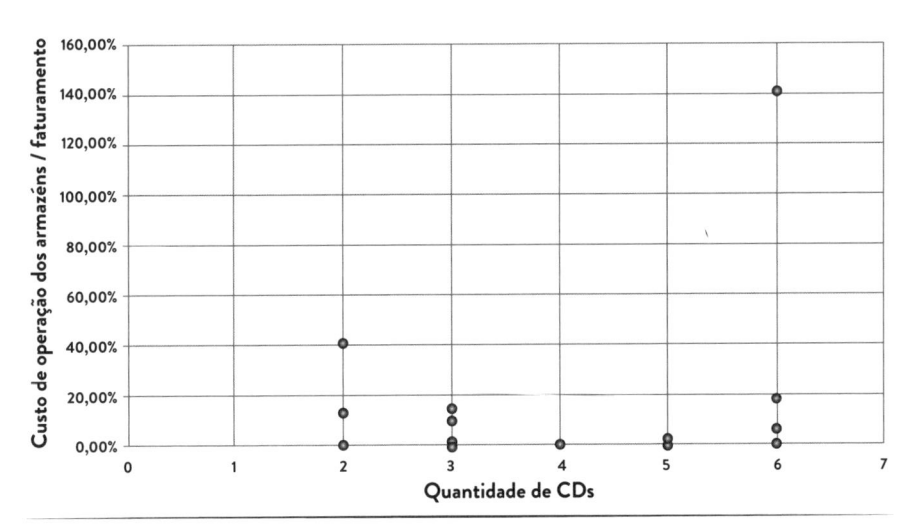

FONTE: Elaboração própria.

FIGURA 6.2. **RELAÇÃO QUANTIDADE DE CDs VERSUS CUSTO RELATIVO (%) DE ESTOCAGEM**

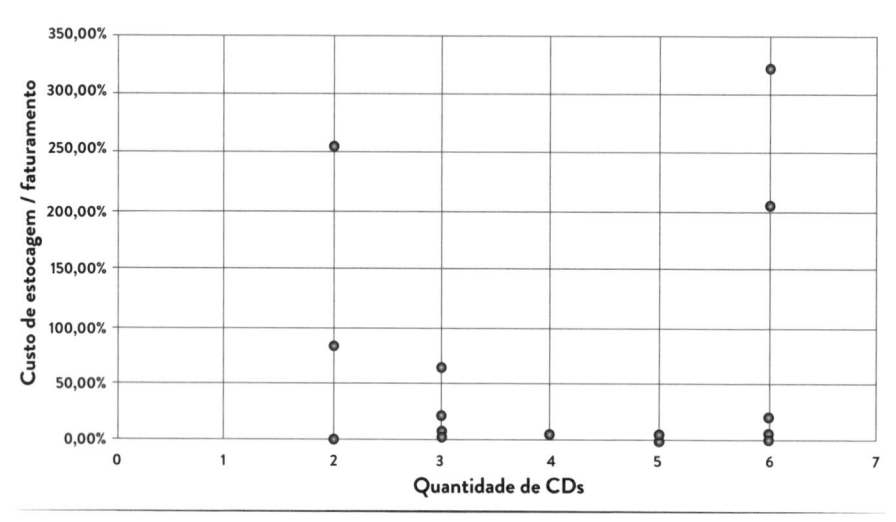

FONTE: Elaboração própria.

A Figura 6.3 destaca a relação entre a quantidade de CDs e o lucro líquido final para as 19 empresas participantes da atividade.

O coeficiente de correlação linear obtido para o par de variáveis foi 0,12.

FIGURA 6.3. **RELAÇÃO QUANTIDADE DE CDs VERSUS CUSTO RELATIVO (%) DE TRANSPORTES**

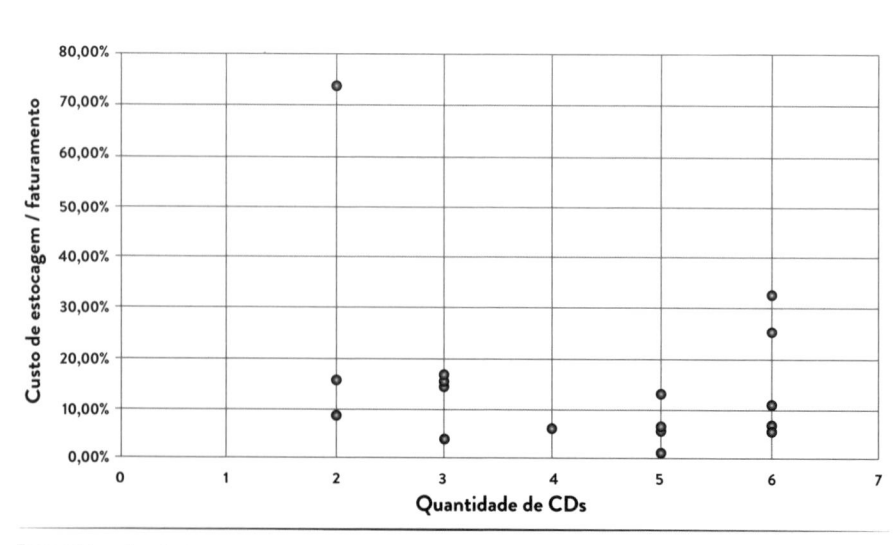

FONTE: Elaboração própria.

FIGURA 6.4. **RELAÇÃO QUANTIDADE DE CDs VERSUS NÍVEL DE SERVIÇO LOGÍSTICO**

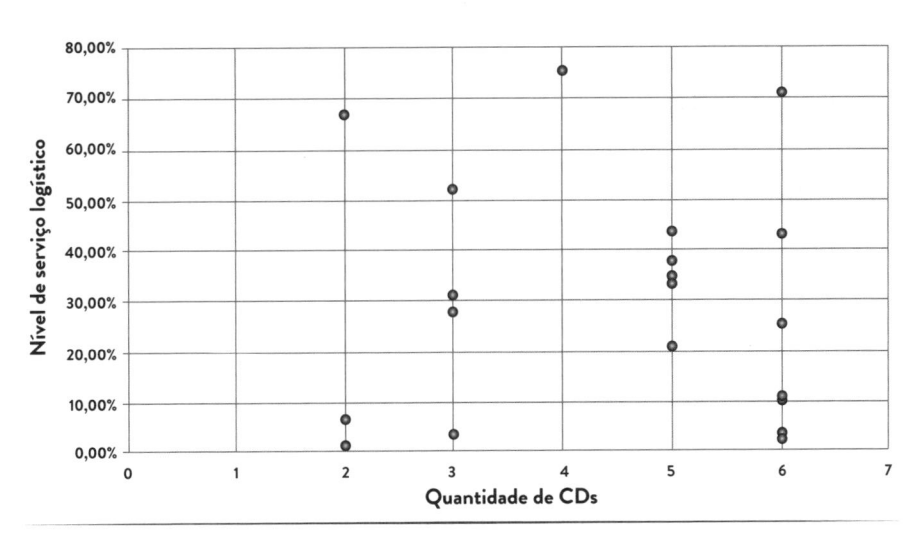

FONTE: Elaboração própria.

Em termos inferenciais e trabalhando com um nível de significância de 5%, nenhuma das cinco correlações lineares se mostrou estatisticamente significante.

FIGURA 6.5. **RELAÇÃO QUANTIDADE DE CDs VERSUS LUCRO LÍQUIDO FINAL**

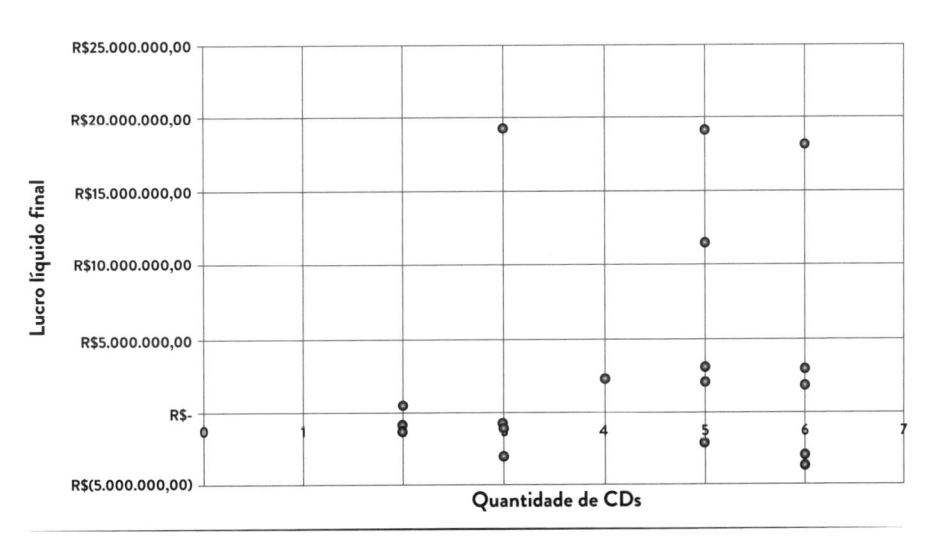

FONTE: Elaboração própria.

Análise dos resultados

A correlação linear entre a quantidade de CDs e o custo de operação dos armazéns (0,13) pode ser considerada fraca, mas seu sinal é positivo, sugerindo — mas com pouca intensidade — que quanto maior a quantidade de CDs, maior é o custo de operação deles.

Tal tendência corrobora o exemplo de potencial impacto da utilização de CDs apontado por Bowersox e Closs (1996): aumento dos custos operacionais. Esse resultado também vai ao encontro das observações realizadas por Ballou (1993) e Leal (1995) sobre o aumento do custo de operação em função de uma quantidade maior de depósitos.

Mas tais afirmações encontradas na teoria não encontraram tanto eco no resultado experimental da pesquisa apresentada neste capítulo, pois a correlação linear encontrada, embora positiva (como o esperado), foi fraca.

A correlação linear entre a quantidade de CDs e o custo de estocagem (-0,01) pode ser tachada de inexistente; ou seja, quanto maior a quantidade de CDs, nada se pode afirmar sobre o custo de estocagem.

Esse resultado não reflete o que dizem Bowersox e Closs (1996) sobre o potencial impacto positivo no custo de estocagem proveniente da utilização de CDs; e Ballou (1993), Leal (1995) e Georges (2010) sobre o aumento do custo de estocagem por causa de uma maior necessidade de estoque de segurança proveniente de uma quantidade maior de depósitos.

Já a correlação linear entre a quantidade de CDs e o custo de transportes (-0,32) pode ser considerada moderada, mas seu sinal é negativo, sugerindo — não com muita intensidade — que quanto maior a quantidade de CDs, menor é o custo de transportes.

Tal tendência vai ao encontro da teoria:

» Bourahli et al. (2010) afirmam que os centros de distribuição podem reduzir custos de transporte;

» Bowersox e Closs (1996) exemplificam a redução do custo total de transporte como um potencial impacto da utilização de armazéns;

» Ballou (1993) diz que quanto maior a quantidade de pontos de armazenagem, menores serão os custos de transporte, já que quantidades maiores e mais econômicas podem ser usadas (inclusive através da utilização de outros modais mais baratos) para abastecer os centros de distribuição, de onde partem as cargas fracionadas para os clientes, percorrendo pequenas distâncias a um frete mais alto;

» Leal (1995) coloca que, com um menor número de bases, o custo de transferência interna diminui, mas os custos de entrega (mais significativos) aumentam, em função de a distância média dos clientes à base mais próxima se elevar;

» Georges (2010) também verificou essa mesma relação inversa durante a aplicação do Jogo da Logística em sala de aula.

Naturalmente, a corroboração da teoria teria sido mais evidente se a correlação linear obtida tivesse sido forte (módulo acima de 0,6), mas uma correlação moderada não pode ser desprezada.

A correlação linear entre a quantidade de CDs e o nível de serviço logístico (-0,04) pode ser entendida como inexistente; ou seja, não há relação linear entre a quantidade de CDs e o nível de serviço logístico.

Esse resultado não reflete o que dizem:

» Moura (1997) e Hill (2003) sobre a melhoria do nível de serviço acarretada pela utilização de CDs;

» Bourahli *et al.* (2010) sobre a disponibilidade imediata de produtos e maior rapidez de entrega proporcionadas pelos centros de distribuição;

» Ballou (1993) e Bowersox e Closs (1996) sobre o fato de a estocagem do produto mais próxima aos consumidores (através de mais centros de distribuição) poder melhorar os níveis de serviço em função de redução no prazo de entrega e aumento na disponibilidade de produtos.

Finalmente, a correlação linear entre a quantidade de CDs e o lucro líquido final (0,12) pode ser considerada fraca, mas seu sinal é positivo, sugerindo — mas com pouca intensidade — que quanto maior a quantidade de CDs, maior é o lucro das empresas.

Considerações Finais

Na pesquisa aqui apresentada, alguns indicadores de custo, serviço e desempenho de empresas virtuais participantes de cinco aplicações de um jogo de logística em turmas de graduação e pós-graduação foram utilizados como dados experimentais e cruzados com a quantidade de centros de distribuição utilizada pelas próprias empresas para testar relações entre essa quantidade e cada um dos indicadores que a teoria prega.

Com o uso desse procedimento metodológico, não foi verificada nenhuma relação da quantidade de CDs utilizada pela empresa nem com o seu custo de estocagem e tampouco com o seu nível de serviço. Tais achados experimentais não confirmaram o que diz a teoria a respeito e merecem, em uma outra pesquisa, uma investigação mais detalhada para que suas causas possam ser descobertas.

Já as relações da quantidade de CDs com o custo de operação dos armazéns e com o lucro líquido final foram identificadas como fracas, ambas com o sinal positivo (mesmo sentido de variação).

No primeiro caso, o sinal não surpreende, pois é exatamente essa relação que sugere a teoria; apenas a intensidade dessa relação é que se mostrou abaixo da esperada.

No segundo caso, não era esperada nenhuma relação, afinal, não se pode dizer que empresas com mais CDs tendem a ter lucros maiores do que as com menos CDs, nem vice-versa. É bem verdade que os resultados encontrados na pesquisa apresentada neste capítulo revelaram uma correlação fraca para esse par de variáveis, mas esta se mostrou mais forte do que nos casos do custo de estocagem e do nível de serviço, o que também poderia, no futuro, ser investigado com mais profundidade.

A relação verificada como a mais forte foi entre a quantidade de CDs e o custo de transportes, mas, ainda assim, de intensidade apenas moderada. No entanto, seu sinal revelou-se igual ao esperado (negativo), indicando uma relação inversa entre as variáveis, exatamente como apregoa a teoria.

Naturalmente, os resultados apresentados neste capítulo precisam ser vistos com as devidas ressalvas, já que um jogo de empresas depende de um simulador, que: (i) se aplica a um contexto específico de produtos, matérias-primas e dinâmicas de concorrência; e (ii) é construído em cima de modelo que, por sua vez, nunca deixa de ser uma simplificação da realidade.

Além disso, as empresas participantes das aplicações do jogo foram geridas por alunos (com maior ou menor grau de experiência na área), muitos deles de graduação, e não por profissionais extremamente experientes na área de logística. Dessa forma, seria muito leviano afirmar que os resultados seriam exatamente os mesmos se as decisões que impactam os indicadores estudados tivessem sido tomadas por profissionais de mercado pertencentes a empresas reais, o que caracterizaria uma pesquisa empírica, e não experimental, como foi a relatada neste capítulo.

Não obstante, os resultados experimentais aqui apresentados podem e devem ser lavados em conta, pois lançam uma luz a respeito de alguns modelos teóricos, ora verificando-os, ora refutando-os, contribuindo para um melhor entendimento deles, mas nunca tendo a pretensão de serem definitivos acerca de tais fenômenos.

Por exemplo, a afirmação teórica que diz que os custos de transporte tendem a ser menores quando a empresa dispõe de mais CDs parece ser mais verdadeira (correlação moderada), à luz dos resultados desta pesquisa, do que a afirmação que diz que o aumento do número de CDs aumenta também o custo de operação dos mesmos (correlação fraca); e mais verdadeira ainda do que as afirmações acerca do aumento dos custos de estocagem e do nível de serviço face a uma maior quantidade de CDs utilizados pela empresa (ausência de correlação).

Tais posições relativas das correlações podem ser mais bem visualizadas na Tabela 6.2.

TABELA 6.2. **CORRELAÇÃO ENTRE A QUANTIDADE DE CDs DA EMPRESA E CADA UMA DAS VARIÁVEIS DA PESQUISA**

CUSTO DE TRANSPORTES / FATURAMENTO	CUSTO DE OPERAÇÃO DOS ARMAZÉNS / FATURAMENTO	LUCRO LÍQUIDO FINAL	NÍVEL DE SERVIÇO LOGÍSTICO	CUSTO DE ESTOCAGEM / FATURAMENTO
-0,32	0,13	0,12	-0,04	-0,01

FONTE: Elaboração própria.

Como ideias para estudos futuros, sugere-se, conforme já citado, uma investigação mais detalhada e aprofundada sobre os motivos da ausência de correlação entre o custo de estocagem e a quantidade de CDs, e entre esta e o nível de serviço, e sobre o fato da correlação entre o lucro líquido final e a quantidade de CDs ter-se revelado mais intensa do que as outras duas correlações, consideradas esperadas pela teoria.

Outra ideia consiste em dar continuidade ao Laboratório de Logística para testar experimentalmente mais alguns elementos de pesquisa na área de logística, como: (i) o *trade-off* de compras (compras em maiores lotes acarretando menos custos de aquisição, mas maiores custos de estocagem); (ii) o impacto do preço e do nível de serviço nas receitas, custos e lucros empresariais; e (iii) outros elementos de pesquisa sugeridos por Bouzada (2010).

ESTE CAPÍTULO

Mas além de entender como a centralização dos estoques pode impactar o desempenho da empresa, é importante estudar também o impacto dos níveis de estoque, que é o objeto do próximo capítulo.

Testando a Influência dos Níveis de Estoque no Desempenho de Empresas

Introdução

No bojo de decisões pertinentes a toda a cadeia produtiva, encontram-se, entre outras, aquelas que dizem respeito aos níveis ótimos de estoque de matérias-primas e de produtos acabados que uma empresa deve manter para resultar nos menores gastos, melhores níveis de serviço aos consumidores, bem como nos resultados financeiros mais favoráveis.

Em outras palavras: qual estratégia de estocagem deve ser empregada pelas empresas? Reduzir níveis de estoque tanto de matérias-primas quanto de produtos acabados, nos depósitos das fábricas, assim como em centros de distribuição, para diminuir os custos e melhorar os resultados financeiros? Ou ampliar esses níveis para aumentar a disponibilidade do produto e obter melhores índices de participação de mercado?

As diversas combinações possíveis sobre as quantidades que as empresas devem manter em seus estoques em um mercado cada vez mais competitivo tornam complexas as tomadas de decisão quanto a essa variável.

O acerto nessas decisões passa a ser, então, crucial para a sobrevivência e a ampliação das capacidades produtivas e comerciais das empresas, independentemente de seus tamanhos.

A decisão sobre os níveis de estoque encerra um *trade-off*, pois, como relatam Chopra e Meindl (2003), consumidores são atraídos quando existe disponibilidade imediata de produtos, o que se consegue com a elevação dos níveis de estoque. Porém, Ballou (2001) afirma que a redução dos níveis de estoque impacta positivamente o faturamento, tornando complexa a decisão entre a busca de aumento na participação de mercado e o melhor desempenho financeiro da empresa.

Através de resultados obtidos nas aplicações do Laboratório de Logística, o BR-LOG, buscou-se medir o impacto dos níveis de estoque no *market share* e nos resultados financeiros de empresas brasileiras, verificando, em ambiente de estudo, as combinações de decisões que levaram aos melhores resultados e examinando o impacto das decisões que minimizaram o risco de efeitos indesejáveis.

O problema de pesquisa proposto neste capítulo é, portanto, o seguinte: qual o impacto causado pelos níveis de estoque sobre o *market share* e sobre os resultados financeiros de empresas laboratoriais participantes de um jogo de logística?

Para responder a essa pergunta, foram traçados dois objetivos específicos:

1. verificar o impacto dos níveis de estoque sobre o *market share* de empresas laboratoriais; e
2. verificar o impacto dos níveis de estoque sobre os resultados financeiros de empresas laboratoriais.

Foram, então, formuladas e testadas duas hipóteses de pesquisa, com base no que sugere a teoria revisada a seguir e em linha com o *trade-off* apontado nos primeiros parágrafos deste capítulo:

1. as empresas que possuem menores níveis de estoque possuem menor *market share*; e
2. as empresas que mantêm menores níveis de estoque obtêm melhores resultados financeiros.

Antes de mostrar o emprego de estratégias distintas com o uso de simuladores para a compreensão das consequências em relação aos níveis de estoque, convém uma abordagem teórica sobre os conceitos envolvidos neste estudo.

Níveis de Estoque

Urdan e Urdan (2006) ensinam que os estoques são bens em processo, semiacabados ou acabados, usados para equalizar diferenças entre a oferta do fornecedor e a demanda do mercado. Já para Davis, Aquilano e Chase (2001), estoque é a quantificação de qualquer item ou recurso que seja utilizado em uma organização, abrangendo assim, entre outros aspectos, equipamentos, itens humanos, matéria-prima, estoque em processo e produtos acabados.

Esses autores esclarecem que são três os objetivos dos estoques nas empresas:

1. proteger-se das incertezas relacionadas às matérias-primas, aos processos de transformação e à demanda;
2. suportar uma estratégia de capacidade constante; e
3. obter vantagens de economia de escala.

Também definem que um sistema de estoque se refere às políticas e controles que monitoram e determinam seus níveis, quando o estoque deveria ser reposto e o tamanho dos pedidos.

Ballou (2012) explica que os métodos de gestão de inventário de estoques podem ser classificados em dois.

O primeiro é o método de empurrar estoques (tipo *push*). Trata-se de um método tradicional de gestão de inventário, utilizado principalmente quando existem vários depósitos no sistema de distribuição. Procura alocar estoques nos armazéns, conforme a necessidade esperada. Esse enfoque é significativamente vantajoso quando os lotes econômicos de produção ou de compra são maiores do que as necessidades de curto prazo dos depósitos.

O segundo método é o de puxar estoques (tipo *pull*). Esse método preconiza que apenas o estoque necessário para atender à demanda de cada ponto precisa ser mantido, o que se traduz em quantidades mantidas em estoque menores no método de puxar do que no método de empurrar. Porém, em sistemas com diversos depósitos, os pedidos de reposição dos armazéns individuais podem ocorrer a qualquer momento, desconsiderando possíveis efeitos dos tamanhos de lote ou de sequenciação dos pedidos na eficiência da produção ou do transporte.

Os níveis de estoque praticados pelas empresas estão intimamente relacionados ao sistema de produção empurrado ou puxado. Para Bowersox *et al.* (2014), tanto os estoques de matéria-prima quanto os de produtos em processamento deveriam ser minimizados, acarretando a redução ou eliminação completa dos estoques de reserva.

Favorecidos pelas operações *just-in-time* (JIT), sistemas puxados são muito menos propensos a resultar na formação de estoques.[1]

A ideia do JIT é abastecer a linha de produção, depósito ou cliente somente no momento em que for necessário. Conforme as necessidades de material ou produtos e os tempos de ressuprimento sendo conhecidos com precisão, é possível evitar estoques, sendo os lotes pedidos somente em quantidades suficientes para atender ao consumo com antecedência de apenas um ciclo de ressuprimento.[2] Mas o autor afirma que a abordagem JIT nem sempre garante o fim dos estoques, pois, caso não sejam conhecidas as necessidades ou os tempos de reposição, deve-se utilizar quantidades ou tempos maiores, o que resulta na colocação de estoque extra no sistema.

A discussão sobre o volume de estoques praticado é de grande importância para a empresa, pois impacta diretamente seu *market share* e resultados financeiros.

Levi, Kaminsky e Levi (2010) destacam a importância dos níveis de estoques sobre os resultados financeiros, exemplificando o ocorrido nas empresas Walmart e Amazon, que se diferenciaram em seus mercados proporcionando aos clientes grande variedade de produtos e baixos estoques e, dessa forma, aumentam a receita total da empresa e maximizam o lucro.

Outro potencial impacto dos níveis de estoques nos resultados financeiros pode ser verificado na obtenção de descontos associados à aquisição de grandes lotes de compra ou no transporte de maiores quantidades de produtos, que dá-se ao se adotar uma política de estoques maiores do que o necessário. Ballou (2012) afirma que, nesses casos, o método do JIT leva a resultados análogos aos das outras técnicas de controle de estoques.

Em contrapartida, o autor também destaca o aumento do faturamento obtido por meio da redução de níveis de estoques, uma vez que o capital absorvido por estoques poderia ser empregado de outras maneiras; ou seja, ao aumentar o giro do estoque, além de liberar ativo, ainda se economiza no custo de manutenção de inventário.

Esse também é o pensamento de Levi, Kaminsky e Levi (2010) ao relacionarem o aumento de rotação de estoque a uma redução dos níveis médios de estoque, o que sugere maior nível de liquidez, menor risco de obsolescência e menor

---

1 SLACK; CHAMBERS; JOHNSTON, 2002.
2 BALLOU, 2012.

investimento em estoque, muito embora isso aumente o risco de vendas perdidas, levando a uma provável redução na participação de mercado.

Urdan e Urdan (2006) concordam dizendo que um fornecedor fica em desvantagem diante de concorrentes que tenham produtos disponíveis quando não entrega seus pedidos dentro das perspectivas de prazo do mercado. Assim, essa desvantagem se traduz na perda de participação de mercado.

Arbache (2011) ilustra essa situação através do exemplo da recente elevação do consumo da classe C. Os consumidores dessa classe são menos tolerantes à espera por um produto, uma vez que a experiência do consumo é uma novidade, gerando avidez pela aquisição. Essa ansiedade faz com que a ausência de um produto gere perdas de receita definitivas, pois o cliente irá substituí-lo por outro, de outra marca concorrente, ou comprometerá sua renda com outro produto. Interessante observar que o alto nível de serviço pode, inclusive, tornar-se uma barreira de entrada a novos *players* de mercado.

Percebe-se, então, a relevância dos níveis de estoques na participação de mercado pelo apoio deste à função de marketing na comercialização dos produtos da empresa. Produtos posicionados mais próximos aos pontos de venda e com quantidades mais adequadas constituem uma vantagem não somente para clientes que precisem de disponibilidade imediata ou tempos de ressuprimento pequenos, como também para fornecedores, pois o baixo risco de falta de seus produtos leva a uma vantagem competitiva e menores custos de vendas perdidas, especialmente para produtos elásticos quanto ao nível de serviço.[3]

Em contrapartida, o mesmo autor adverte que se deve ter muito cuidado para fixar o nível de serviço do estoque, pois, ao aumentar a disponibilidade em apenas alguns pontos percentuais para atender às pressões da área de marketing ou mesmo por julgamento apressado, ocorre um efeito dramático no capital investido em inventário, uma vez que o nível de estoque cresce exponencialmente com disponibilidades elevadas.

Chopra e Meindl (2003) resumem esses prós e contras ao afirmarem que, em qualquer cadeia de suprimentos, o nível de disponibilidade do produto (também conhecido como nível de serviço ao cliente) é parte relevante da responsividade. Se a cadeia de suprimentos adota um alto nível de disponibilidade do produto para melhorar sua responsividade e atrair consumidores, isso se converte em aumento nas receitas, devido ao crescimento nas vendas e à garantia de disponi-

---

3 BALLOU, 2012.

bilidade do produto quando os consumidores surgem para efetuar sua compra. Mas, em contrapartida, esse alto nível de disponibilidade do produto demanda estoques maiores, o que costuma elevar os custos da cadeia de suprimentos.

Não há dúvida de que os vendedores gostariam de poder atender imediatamente a todos os pedidos de seus clientes e que suas empresas mantivessem estoques suficientes para tal. Mas, como pode ser constatado, manter estoques tem um alto custo. Segundo Davis, Aquilano e Chase (2001), os custos médios anuais de manutenção de estoques são estimados em torno de 30% a 35% de seu valor.

De forma muito semelhante posicionam-se Bowersox *et al.* (2014), para os quais a cadeia de suprimentos é fortemente impactada pelas tomadas de decisões relacionadas ao estoque. Os autores afirmam que vendas podem ser perdidas caso não haja quantidade adequada de estoque de produtos, além da insatisfação do cliente, e alertam para o *trade-off* verificado entre a escassez de produtos atrapalhando os planos de marketing e de produção e o excesso de estoque gerando problemas operacionais, pois o estoque aumenta custos e reduz a lucratividade.

Esta seção procurou sumarizar a percepção geral das pesquisas sobre níveis de estoque: sua redução traz melhorias nos lucros das empresas, mas níveis altos implicam melhoria nos níveis de serviço ao cliente, o que pode levar ao aumento na participação de mercado. Tais argumentos sustentam e justificam as hipóteses formuladas para esta pesquisa.

Método

A pesquisa presente neste capítulo foi de abordagem quantitativa e utilizou registros das aplicações realizadas do Laboratório de Logística BR-LOG em 11 turmas de graduação e pós-graduação — que cursaram disciplinas que envolvem o estudo de logística — da Escola Superior de Propaganda e Marketing (ESPM), do Instituto de Pós-Graduação e Pesquisa em Administração da Universidade Federal do Rio de Janeiro (COPPEAD) e do Instituto Brasileiro de Mercado de Capitais (IBMEC), entre os anos de 2011 e 2014.

Armazenados em uma base de dados, esses registros referem-se a diversos elementos, provenientes das decisões administrativas de 41 empresas laboratoriais contemplando, dentre vários outros, os dados das variáveis relativas aos estoques, resultados financeiros e participação de mercado de cada uma das quatro empresas virtuais participantes do jogo.

Para tornar a simulação mais próxima à realidade, além das diversas outras características, com relação à variável "Estoque", o BR-LOG prevê um custo de carregamento de estoque, com cobranças diárias de armazenamento tanto de matérias-primas quanto de produtos acabados, enquanto em poder das empresas laboratoriais.

Dessa forma, o jogo adéqua-se a este estudo por possibilitar a tomada de decisões referentes às variáveis que são objetos desta pesquisa.

A dinâmica da aplicação do jogo é a mesma já apresentada no Capítulo 3, em que somente após a terceira rodada passa a existir a possibilidade de as empresas laboratoriais iniciarem as vendas de seus produtos processados. Dessa forma, os dados coletados nas aplicações foram considerados a partir da rodada mencionada.

A seguir, oferece-se uma breve explicação sobre como cada uma dessas variáveis foi computada:

1. resultado financeiro — ao final do jogo, o lucro total obtido pelas empresas foi extrapolado, considerando uma projeção igual ao resultado efetivamente acumulado mais a média das últimas cinco semanas, projetada até o final do ano;

2. *market share* final médio por empresa — ao final do jogo, a participação de mercado de cada empresa foi calculada pela média do seu *market share* nos cinco produtos; essa participação em cada produto foi o somatório da quantidade vendida ao longo de todas as semanas por cada empresa comparado percentualmente ao somatório de todas as empresas; e

3. níveis de estoque — foi considerado para efeito de cálculo dessa variável o custo de estocagem, ou seja, o quanto cada empresa gastou em estocagem durante todo o jogo.

As hipóteses da pesquisa relacionam os estoques a *market share* e resultados financeiros.

A primeira hipótese indaga se as empresas que possuem menores níveis de estoque possuem menor *market share*. Segundo a teoria pesquisada, níveis altos de estoques apoiam a função de marketing na comercialização dos produtos da empresa, por estarem posicionados mais próximos aos pontos de venda e com quantidades mais adequadas. Na falta do produto, o consumidor poderá substituí-lo pelo produto do concorrente, implicando redução de participação de mercado.

A segunda hipótese infere que as empresas que mantêm menores níveis de estoque obtêm melhores resultados financeiros. Essa é a premissa do sistema de produção puxada, base da filosofia *just-in-time*, que profere que menores estoques não retêm capital de giro em produtos à espera das vendas, liberando recursos para obter resultados financeiros superiores.

A Figura 7.1 resume a relação entre as variáveis estudadas nas hipóteses desta pesquisa. Os números no interior das setas horizontais correspondem às hipóteses na mesma sequência apresentada. As setas vermelhas mostram crescimento e redução, conforme indicado nas hipóteses de pesquisa. Por exemplo, a primeira hipótese do estudo infere que as empresas que possuem menores níveis de estoque possuem menor *market share*.

FIGURA 7.1. **RELAÇÃO ENTRE AS VARIÁVEIS ESTUDADAS NAS HIPÓTESES DE PESQUISA**

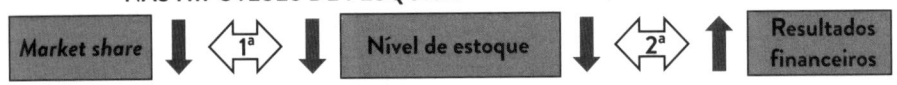

FONTE: Elaboração própria.

As análises desenvolvidas procuraram demonstrar, por correlações entre as variáveis propostas, se corroboraram ou não o que versa a literatura pesquisada sobre o tema.

As correlações obtidas em cada uma das análises foram interpretadas e consistiram nos elementos para a testagem das hipóteses, formuladas com base na teoria pesquisada. Os resultados dos coeficientes obtidos nas correlações de cada uma das hipóteses tiveram sua significância estatística avaliada.

Para a primeira hipótese, o resultado esperado seria uma correlação positiva entre as variáveis "Nível de estoque" e *"Market share"*.

O resultado esperado para a segunda hipótese seria uma correlação negativa entre as variáveis "Nível de estoque" e "Resultados financeiros".

Em relação à limitação do método, vale destacar que o BR-LOG se aplica a um contexto específico de produtos, sendo desenvolvido com base em um modelo que é uma simplificação da realidade, não contemplando todas as variáveis importantes. Em função disso, não há a pretensão de sugerir que ele seja capaz de representar perfeitamente as condições do mercado brasileiro.

Outra limitação remete às empresas participantes das diferentes aplicações do jogo, geridas por alunos com diferentes graus de experiência na área. O ideal seria fazer estudos diferentes, com diferentes amostras, cada uma delas homogênea em termos de experiência dos alunos (uma amostra só com alunos de graduação; outra só de especialização para recém-formados; outra para profissionais já experientes). Mas essa segmentação deixaria cada amostra muito pequena, já que o histórico conta com dados de apenas 41 empresas, prejudicando a significância estatística dos testes.

Adicionalmente, muitos dos alunos gestores das empresas laboratoriais estavam cursando a graduação, não se tratando de profissionais experientes na área de logística. Assim, não seria correto afirmar que os resultados seriam exatamente os mesmos se as decisões que impactam os indicadores estudados tivessem sido tomadas por profissionais de mercado pertencentes a empresas reais, o que caracterizaria uma pesquisa empírica, e não experimental, como a pretendida neste estudo. Com o intuito de minimizar essa última limitação, o tratamento desconsiderou os *outliers* (valores atípicos) de forma a reduzir discrepâncias.

Resultados

O processo de transformação dos dados coletados nas rodadas do jogo BR-LOG em informações que subsidiaram as análises e conclusões desta pesquisa iniciou com a seleção e agrupamento dos registros exclusivos às variáveis abordadas no estudo.

De posse dos dados filtrados e calculados, foi elaborada a Tabela 7.1, que consolida as informações nas quais se basearam as verificações das hipóteses através de correlações entre as variáveis sugeridas na pesquisa.

TABELA 7.1. **INFORMAÇÕES CONSOLIDADAS DAS VARIÁVEIS ESTUDADAS NAS 41 EMPRESAS LABORATORIAIS**

TURMA	EMPRESA	RESULTADO FINANCEIRO	MARKET SHARE	ESTOQUES
COPPEAD 1	1	-R$3.574.432,08	10%	R$57.650,13
	2	-R$4.055.470,60	36%	R$96.528,85
	3	R$4.450.625,59	37%	R$52.037,02
	4	-R$6.077.456,96	17%	R$65.896,41
COPPEAD 2	5	R$18.160.521,84	40%	R$37.921,83
	6	R$19.142.915,26	22%	R$28.180,25
	7	R$2.977.891,59	8%	R$18.309,23
	8	R$19.303.901,00	29%	R$55.491,11
COPPEAD 3	9	R$8.045.996,71	28%	R$54.532,86
	10	R$4.264.527,77	15%	R$74.924,51
	11	R$33.378.753,41	39%	R$47.081,76
	12	R$5.586.796,29	17%	R$39.156,48
COPPEAD 4	13	-R$3.420.239,70	10%	R$109.133,18
	14	R$32.431.805,69	39%	R$38.732,27
	15	R$1.667.756,33	9%	R$7.538,48
	16	R$26.893.404,76	42%	R$48.706,92
ESPM 1	17	R$11.475.324,06	56%	R$36.509,65
	18	R$2.017.606,86	21%	R$7.828,32
	19	-R$1.194.877,79	22%	R$16.026,17
	20	-R$936.490,04	1%	R$14.047,71
ESPM 2	21	-R$984.526,98	50%	R$13.308,01
	22	-R$2.241.996,19	45%	R$6.090,33
	23	-R$1.429.329,85	5%	R$21.708,86
ESPM 3	24	R$1.743.271,88	76%	R$30.488,93
	25	-R$3.774.844,95	3%	R$42.445,31
	26	-R$3.829.062,81	14%	R$16.637,99
	27	-R$3.084.355,32	7%	R$62.907,51
IBMEC 1	28	R$2.844.143,37	25%	R$16.874,72
	29	R$337.966,07	31%	R$20.760,17
	30	R$2.179.622,36	32%	R$39.282,05
	31	-R$3.126.649,08	12%	R$41.968,40

TURMA	EMPRESA	RESULTADO FINANCEIRO	MARKET SHARE	ESTOQUES
IBMEC 2	32	R$600.509,52	8%	R$6.681,89
	33	R$2.483.744,09	20%	R$8.746,67
	34	R$2.201.095,02	72%	R$67.679,74
IBMEC 3	35	-R$2.015.411,25	15%	R$29.704,25
	36	R$2.168.201,89	13%	R$11.023,04
	37	R$4.822.926,85	28%	R$26.415,22
	38	R$1.659.734,05	44%	R$11.398,75
IBMEC 4	39	-R$434.308,05	19%	R$32.257,72
	40	R$5.237.445,56	56%	R$123.851,82
	41	R$3.626.296,64	25%	R$19.766,95

FONTE: Elaboração própria.

Utilizando os valores obtidos e expostos na Tabela 7.1, as correlações entre as variáveis foram calculadas. Correlações com valores entre 0 (zero) e 0,3 são consideradas fracas. Já as correlações que apresentam valores entre 0,3 e 0,6 são consideradas moderadas. Acima de 0,7 (até o valor máximo de 1,0) as correlações são consideradas fortes.

A significância do coeficiente de correlação pode ser confirmada através do teste de hipótese para a correlação. Para valores p obtidos menores do que o nível de significância adotado de $\alpha = 10\%$, rejeita-se a hipótese nula e pode-se concluir que o coeficiente de correlação é significativamente diferente de zero.

A seguir, são expostas as análises das hipóteses da pesquisa com base nos relacionamentos obtidos entre as variáveis presentes em cada hipótese.

Análise da Hipótese 1

A primeira hipótese preconiza que as empresas que possuem menores níveis de estoque possuem menor *market share*.

A Figura 7.2 expõe a relação entre as variáveis "Estoques" e *"Market share"*, cujos valores foram obtidos durante a aplicação do jogo BR-LOG nas empresas laboratoriais. Não se pode observar de forma clara a existência da relação entre as variáveis.

FIGURA 7.2. **NÍVEIS DE ESTOQUE X *MARKET SHARE***

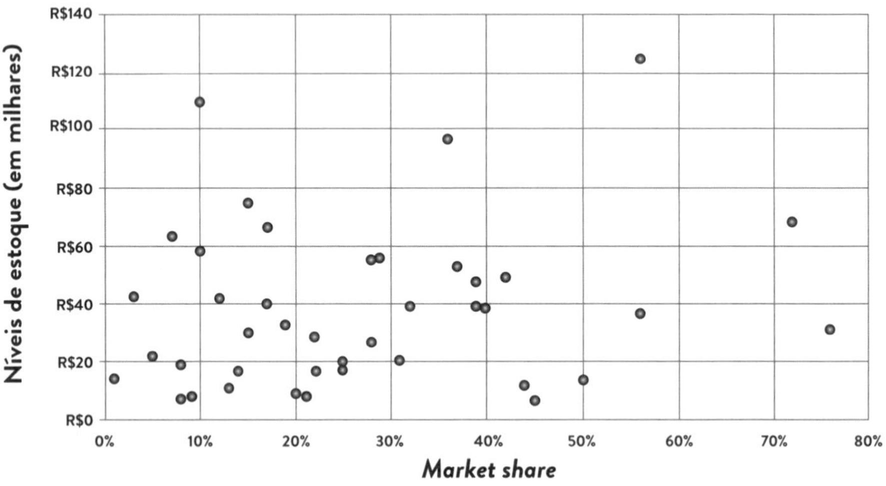

Fonte: Elaboração própria.

Aqui foi obtida uma correlação positiva e fraca (coeficiente de 0,18), com um valor p (12,1%) que se aproxima de 10%. Assim, não obstante esse valor de correlação não possa ser utilizado para afirmar, mesmo que comedidamente, a existência de uma relação entre as variáveis "Níveis de estoque" e "*Market share*", o resultado obtido não deve ser desconsiderado e indica que novos estudos poderão vir a confirmar a relação entre as variáveis.

Já a teoria a respeito é bem mais incisiva. Conforme abordado no referencial teórico, Chopra e Meindl (2003), Urdan e Urdan (2006) e Ballou (2012) dizem que existe de fato a expectativa de que maiores níveis de estoque se convertam em níveis de serviço mais altos, permitindo a manutenção de produtos disponíveis aos consumidores, o que, por sua vez, implica a sustentação de clientes que poderiam optar por produtos concorrentes na eventualidade de não encontrarem uma determinada marca.

De maneira indireta, Kotler e Keller (2006), Arbache (2011) e Bowersox *et al.* (2014) concordam com os autores anteriores, já que falam da possibilidade de perda de pedidos e vendas e insatisfação dos clientes no caso de falta de disponibilidade de produto.

Embora a relação entre os níveis de estoque e o *market share* não tenha sido definitivamente descartada nos testes de laboratório conduzidos e aqui relatados, ela certamente não foi confirmada, o que vai, ao menos parcialmente, de encontro ao que diz a teoria. Possivelmente, o jogo não permite captar tamanha sutileza de detalhe. Ou seja, em se tratando de empresas reais, que disputem em mercados reais, a relação entre essas variáveis pode ser mais bem comprovada.

Análise da Hipótese 2

A segunda hipótese sugere que as empresas que mantêm menores níveis de estoque obtêm melhores resultados financeiros.

A Figura 7.3, que relaciona essas duas variáveis, não permite visualizar, de fato, nenhuma correlação entre elas.

FIGURA 7.3. **NÍVEIS DE ESTOQUE X RESULTADOS FINANCEIROS**

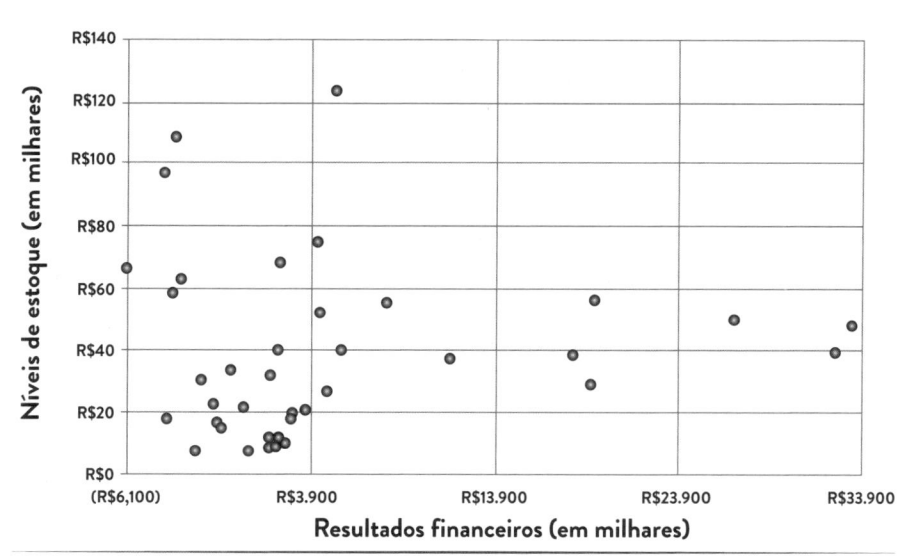

Fonte: Elaboração própria.

Devido ao baixo valor calculado para o coeficiente de correlação, de apenas 0,05, e sem significância estatística, não é possível aceitar a hipótese.

Esse resultado foge totalmente ao esperado, pois, revendo o pesquisado sobre o assunto, para Bowersox *et al.* (2014) "o estoque aumenta custos e reduz a lucratividade"; e, para Ballou (2012), recursos investidos em estoques poderiam ser empregados de outras maneiras.

Também vai parcialmente de encontro ao que pensam Chopra e Meindl (2003), Levi, Kaminsky e Levi (2010) e Ballou (2012), para os quais a manutenção de altos níveis de estoque acarreta a elevação dos custos. Já Davis, Aquilano e Chase (2001) são mais específicos a esse respeito ao apontarem que os custos médios anuais de manutenção de estoques são estimados em torno de 30% a 35% de seu valor.

Dessa forma, o resultado obtido contraria a literatura pesquisada, na qual existe relativo consenso entre os autores citados ao afirmarem que, ao utilizar níveis de estoques mais altos, obtêm-se, potencialmente, resultados financeiros piores.

Considerações Finais

Este capítulo teve como objetivo avaliar o impacto causado pelos níveis de estoque sobre o *market share* e os resultados financeiros de empresas laboratoriais participantes de um jogo de empresas.

A correlação estudada na hipótese de pesquisa 1 apresentou-se fraca, com o sinal conforme o esperado e um valor p próximo a 10%, o que indica que um estudo mais abrangente, com maior amostra, poderá revelar uma conclusão mais consistente.

A correlação, embora fraca, entre níveis de estoque e participação de mercado é de fato esperada, pois, como descrito na Seção 2, a redução dos níveis de estoques implica na redução dos níveis de serviço, provavelmente acarretando perda de clientes que passam a optar por produtos concorrentes.

A correlação muito próxima a 0 (zero) encontrada entre as variáveis presentes na hipótese de pesquisa 2 contraria todos os estudos pesquisados neste trabalho. Tal hipótese deve ser, portanto, rejeitada.

A Figura 7.4 resgata a Figura 7.1, apresentada anteriormente, que sintetizou as hipóteses estudadas. Ela destaca na cor cinza-claro a hipótese 1, indicando que não deve ser completamente rejeitada, uma vez que apresentou uma correlação positiva fraca a um nível de significância próximo ao satisfatório.

Já a segunda hipótese não pode ter sua comprovação através da correlação obtida, sendo representada pela cor branca na Figura 7.4.

FIGURA 7.4. **SÍNTESE DOS RESULTADOS OBTIDOS**

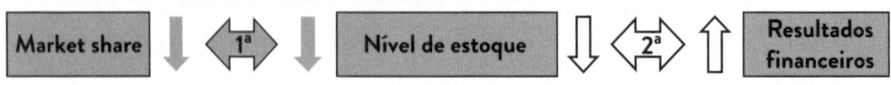

FONTE: Elaboração própria.

A dificuldade em comprovar as hipóteses propostas no estudo pode ser parcialmente explicada pela maneira específica com que o simulador utilizado gerencia os níveis de estoque antes e depois das vendas.

Mas essa dificuldade também sugere não se estar tratando de assuntos triviais e aponta para a necessidade de aprofundamento das pesquisas.

O uso do jogo de logística BR-LOG, que utiliza características brasileiras em sua composição para a concretização deste estudo, contribui para indicar a viabilidade do uso de jogos para a simulação de situações observadas nas tomadas de decisão em empresas, assim como seus impactos.

Não obstante, percebe-se haver limitações ao abordar um problema de pesquisa por meio de um jogo ou uma simulação da realidade. Como exemplos dessas limitações, podem ser relacionadas: os diferentes níveis de aprendizado dos jogadores, assim como suas vivências profissionais; as diversas variáveis não estabelecidas nos jogos (por exemplo, desastres naturais, índices de inflação etc.); a duração do jogo em si, e até mesmo o entendimento de que metas não atingidas não implicam maiores consequências no mundo real.

Apesar de, por certo, existirem limitações como as abordadas no parágrafo anterior, é de grande importância o uso de jogos e simuladores como uma maneira original de praticar uma pesquisa, pois cada vez mais a tecnologia e a evolução dos programas facilitam a aproximação de situações reais ao universo simulável, produzindo resultados que ampliam o nível de conhecimento de pesquisadores e de participantes, sem a necessidade de riscos reais e de forma acessível.

Como proposta para estudos futuros em busca do aprofundamento e obtenção de confirmação ou mesmo de novas respostas às perguntas desta pesquisa, sugere-se a aplicação do jogo BR-LOG junto a profissionais atuantes nas áreas de operações e logística ou de marketing. Dessa forma, através de uma equiparação de conhecimentos e da experiência dos jogadores, poderão ser alcançados valores mais próximos à realidade.

Também é sugerida a coleta de amostras maiores para que se possa ter mais indícios sobre aquela correlação que foi quase significativa a 10%. Amostras maiores também permitiriam que elas fossem segmentadas em termos de nível de experiência dos alunos, sem perda relevante de significância estatística.

Por fim, sugere-se que o estudo seja refeito utilizando dados de empresas reais, procurando responder às mesmas questões para que se possa comparar os novos resultados com os ora obtidos através do uso do Laboratório de Logística.

Este Capítulo

Depois de testar elementos de pesquisa relacionados ao estoque, o capítulo a seguir foca a atividade mais conhecida e custosa da logística, verificando as consequências de uma utilização excessiva do modal rodoviário nas atividades de transporte das empresas.

Testando a Influência da Predominância do Uso do Modal Rodoviário no Desempenho de Empresas

Introdução

Decisões logísticas, segundo Kotler e Keller (2012), podem chegar de 30 a 40% do valor final dos produtos, o que indica claramente a importância do pleno entendimento das consequências das decisões nesse campo de estudos.

A escolha entre as formas de transporte que proporcionarão menores gastos, aliados aos melhores níveis de serviço aos consumidores, é uma das mais impactantes entre as decisões logísticas, como se pode perceber quando Arbache (2011) afirma que o transporte tem um alto peso financeiro no custo de distribuição ou logístico da quase totalidade dos produtos e é de grande relevância para os resultados obtidos no serviço ao cliente.

Em relação aos modais de transporte utilizados, o modal rodoviário é o que se destaca no Brasil, englobando cerca de 52% do transporte de cargas.[1] Então, há que se indagar se, de fato, essa modalidade, sendo a mais ágil, é a que traz melhor resultado em termos de participação de mercado efetiva, já que potencialmente atende mais rápido ao cliente final. E, mesmo que leve a melhores índices de *market share*, qual o seu impacto nos resultados financeiros da empresa, já que, conforme destacam Bowersox *et al.* (2014), esse modal encerra altos custos variáveis?

....
1 PNLT, 2011.

Outros modais, como o ferroviário e o marítimo de cabotagem, não são tão ágeis, mas apresentam custos variáveis bem mais baixos do que os do modal rodoviário, sendo especialmente interessantes para viagens longas e grandes cargas.[2] O Brasil, com seu amplo litoral navegável, grandes distâncias e volumosas movimentações de carga, é um natural candidato a esses modais "alternativos".

Mas como é possível efetivamente dimensionar o impacto que o uso intensivo de transporte rodoviário causa sobre o *market share* e sobre os resultados financeiros de empresas brasileiras? De que forma poderia demonstrar, em ambiente de estudo, as tomadas de decisões que levaram aos melhores desempenhos? Como examinar o impacto de decisões minimizando o risco de efeitos indesejáveis?

Considerando esses primeiros aspectos e questões levantadas, o problema de pesquisa ao qual este capítulo se debruça é: qual o impacto causado pela utilização intensiva do modal rodoviário de transporte sobre o *market share* e sobre os resultados financeiros de empresas laboratoriais participantes de um jogo de logística?

O Laboratório de Logística BR-LOG foi usado para este fim, uma vez que a simulação das atividades da empresa viabiliza o exercício das mais diversas estratégias sem, contudo, comprometer suas operações e seu efetivo desempenho.

Estabeleceu-se, assim, o seguinte objetivo geral: a verificação do impacto causado pela utilização intensiva do modal rodoviário de transporte sobre o *market share* e sobre os resultados financeiros de empresas laboratoriais participantes de um jogo de logística.

Para atingir o objetivo geral foram elaborados dois objetivos específicos:

1. verificar o impacto da utilização massiva do modal rodoviário de transporte sobre o *market share* de empresas laboratoriais;
2. verificar o impacto da utilização massiva do modal rodoviário de transporte sobre os resultados financeiros de empresas laboratoriais.

---

2 BALLOU, 2001.

Modais de Transporte

Sempre que se determinam estratégias logísticas, ocorrerão *trade-offs*. Logo, torna-se necessário estabelecer as opções que conduzam aos melhores resultados, alinhados com a estratégia empresarial, pois, de acordo com Kotler e Keller (2012), não existe sistema de logística de mercado que permita, concomitantemente, elevar ao máximo o atendimento ao cliente e minimizar o custo de distribuição. Um atendimento de excelência ao cliente leva ao aumento de estoques, transporte especial e vários depósitos, fatores que elevam os custos de logística.

A estrutura de transporte de cargas engloba a infraestrutura física, veículos e transportadoras que operam através da opção de um modal. Modal identifica um método ou forma de transporte básico que pode ser ferroviário, rodoviário, hidroviário (ou aquaviário), dutoviário e aéreo.[3]

Conforme os autores, o modal ferroviário, que já foi o maior em termos de quantidade de quilômetros de serviço, perdeu a posição para o modal rodoviário, devido ao desenvolvimento acelerado da indústria automobilística e à ampliação das rodovias e estradas. Ainda assim, devido à capacidade de transportar grandes quantidades de carga por longas distâncias com custos operacionais baixos (embora com altos custos fixos), o modal ferroviário tem substancial participação percentual relativa aos demais modais de transporte.

Para Ribeiro e Boente (2014), o escoamento de carga no Brasil não funciona de maneira adequada devido à falta de estrutura em outros modos de transporte que não sejam o rodoviário. Assim, o país é considerado dependente da modalidade rodoviária para o transporte de carga.

Segundo Padula (2008), ao considerar apenas os três principais modais (rodoviário, ferroviário e hidroviário), o modal rodoviário tem sido privilegiado ao receber mais de 70% dos recursos destinados à expansão da infraestrutura de transportes no Brasil.

Conforme o Plano Nacional de Logística e Transporte — PNLT (2011), no Brasil, o modal rodoviário condensa cerca de 52% do transporte de cargas, enquanto os modais ferroviário e hidroviário respondem por 30% e 13% do transporte, respectivamente.

De acordo com a fonte, o Plano confronta a distribuição dos modais no Brasil com outros países de dimensões continentais: Rússia, Canadá, Austrália e Esta-

....
3 BOWERSOX *et al.*, 2014.

dos Unidos da América (EUA). Ao comparar com a malha ferroviária nacional, o PNLT (2011) afirma que Rússia, Canadá e EUA apresentam maior concentração de transporte no modal ferroviário, com 81%, 46% e 43% respectivamente, contra apenas 26% no Brasil.

Conforme indicado no PNLT (2011), o Canadá utiliza o modal rodoviário em maior proporção (43%), seguido pelos EUA (32%) e pela Rússia (8%). A Austrália concentra 53% de seu transporte de cargas no modal rodoviário, mas este tem participação expressiva nessa movimentação, com 43%.

A comparação internacional das matrizes de utilização de transporte entre países de grande extensão territorial aponta que, no Brasil, a maior concentração recai no modal rodoviário.[4]

Mas certamente há vantagens. Para Bowersox *et al.* (2014), o modal rodoviário possui características que favorecem os negócios relacionados à indústria e à distribuição; necessita de investimento fixo baixo em instalações de terminais, além de operar em estradas financiadas com dinheiro público. Como desvantagem, tem-se o custo variável alto, pois cada carreta exige uma unidade de força e um motorista.

Saraiva e Maehler (2013) lembram ainda que, atualmente, para percorrer pequenas distâncias, por ser ágil, dinâmico e, principalmente, por ter a facilidade de efetuar rotas alternativas, o transporte rodoviário é o mais usado.

A Tabela 8.1 exibe as características operacionais relativas por modal de transporte, em que os valores mais baixos indicam melhor desempenho. O modal dutoviário não será abordado neste estudo, pois não é considerado como opção às empresas participantes no Laboratório de Logística BR-LOG, empregado como receptor de dados para análise.

---

4 PADULA, 2008

TABELA 8.1. **CARACTERÍSTICAS OPERACIONAIS RELATIVAS POR MODAL DE TRANSPORTE**

CARACTERÍSTICAS OPERACIONAIS	FERROVIÁRIO	RODOVIÁRIO	HIDROVIÁRIO	AÉREO
Velocidade	3	2	4	1
Disponibilidade	2	1	4	3
Confiabilidade	3	2	4	5
Capacidade	2	3	1	4
Frequência	4	2	5	3
Total	14	10	18	16

FONTE: Adaptado de BOWERSOX *et al.* (2014).

O transporte pode desempenhar papel fundamental na estratégia competitiva das organizações, através da adequação dos serviços oferecidos aos requisitos dos clientes.[5]

Kotler e Keller (2012) afirmam que muitas vezes existe uma correlação negativa entre os custos de logística que interagem entre si, por exemplo, no caso da opção de modal ferroviário ao aéreo, buscando uma redução de custos de transporte, o que leva a um maior tempo e entrega, empate de capital de giro, retardo no pagamento de clientes e, ainda, possível perda de clientes para um concorrente mais ágil.

Para Novaes (2007, p. 241), "[...] o objetivo geral da distribuição física é o de levar os produtos certos para os lugares certos, no momento certo e com o nível de serviço desejado pelo menor custo possível". O autor segue com a percepção de que existe um antagonismo ao desejar garantir um elevado nível de serviço e, simultaneamente, obter redução de custos.

Assim, uma preocupação da gestão da cadeia de suprimentos refere-se à forma de fazer chegar o produto ao seu consumidor. Novaes (2007) ensina que devem ser feitas escolhas entre o uso de modal único ou intermodal, verificando possíveis ganhos de custo, garantindo as exigências de prazos e de segurança necessárias.

....
5 CHOPRA; MEINDL, 2016.

Ribeiro e Boente (2014) afirmam que, se o modal rodoviário fosse utilizado apenas para transporte de cargas em menores quantidades e a curtas distâncias, seria um emprego mais apropriado, deixando o transporte de grandes cargas e de distâncias mais longas a cargo dos modais ferroviário e aquaviário.

Segundo Ribeiro e Ferreira (2002), são as seguintes as formas de integração entre modais: aéreo-rodoviário, ferroviário-rodoviário, aquário-ferroviário, aquário-rodoviário ou, ainda, entre mais de dois modais. Ao utilizar mais de um modal, torna-se possível agregar vantagens típicas de cada um deles, caracterizadas pelo nível de serviço e custo. A combinação de múltiplos modais proporciona uma entrega porta a porta a um custo reduzido e um tempo relativamente menor, levando a um equilíbrio entre preço e serviço.

Do ponto de vista de custos, Wanke (2000) afirma que o transporte representa, em média, cerca de 60% das despesas logísticas, podendo representar até três vezes o lucro de uma empresa, como é o caso do setor de distribuição de combustíveis.

De acordo com Rossi (2012), o Brasil poderia economizar até R$90 bilhões por ano em custos logísticos caso reduzisse em 50% a utilização do transporte rodoviário e dobrasse a utilização das ferrovias.

Saraiva e Maehler (2013) afirmam que o aumento dos volumes transportados por trem e seus efeitos na redução dos custos de terminais podem produzir economias de escala, ou seja, menores custos unitários para cargas de maior volume.

Ribeiro e Boente (2014) citam o exemplo da produção de grãos, que normalmente possui quantidade e época da colheita previsíveis, e por ocasião de seu escoamento formam-se verdadeiros "trens rodoviários", ou seja, filas de caminhões para escoar a produção. Ribeiro e Boente (2014) seguem afirmando que as filas formadas poderiam ser substituídas com facilidade por trens e/ou navios de carga.

Para Padula (2008), o desequilíbrio fica evidente na concentração no modal rodoviário, mais custoso quando comparado aos modais ferroviário e aquaviário. Padula (2008) ainda afirma que a estrutura da matriz de transportes nacional afeta direta e desfavoravelmente a competitividade dos produtos brasileiros.

A Tabela 8.2 apresenta os custos comparativos em valores internacionais entre os modais de transporte, em que se percebe que o modal rodoviário é considerado o segundo mais oneroso, perdendo somente para o custo do modal aéreo.

TABELA 8.2. **CUSTOS COMPARATIVOS ENTRE OS MODAIS DE TRANSPORTE**

MODO	US$ CENTAVOS/T.KM
Aéreo	14,0
Rodoviário	4,0 – 5,0
Ferroviário	0,3 – 1,0
Dutoviário	1,0 – 0,3
Balsa e rebocador	0,12 – 0,18
Cargueiro	0,06 – 0,24
Navio graneleiro	0,02 – 0,04

FONTE: Adaptado de Costa e Padula (2007).

A Tabela 8.3 apresenta os fretes para os diferentes modais, em que se pode verificar que o modal rodoviário é o que aparece como o de fretes mais elevados.

TABELA 8.3. **FRETES PARA OS DIFERENTES MODAIS DE TRANSPORTE (EM R$/TONELADA)**

MODO	CATEGORIA DE PRODUTOS	DISTÂNCIA PERCORRIDA (KM)			
		100	200	400	500
Ferrovia	Granéis vegetais	21,8	36,5	61,0	101,09
	Granéis sólidos	17,8 27,7	28,1	44,4	69,9
	Granéis líquidos	27,7	47,1	80,2	136,7
	Minérios	19,0	30,2	47,9	76,0
	Outros produtos	23,1	37,7	61,7	100,9
	Carga geral	30,4	50,8	85,0	142,0
Rodovia	Granéis vegetais	31,5	53,7	91,7	156,7
	Granéis sólidos	30,6	47,6	73,9	114,9
	Granéis líquidos	36,3	65,6	118,5	214,3
	Minérios	65,5	105,0	168,2	269,6
	Outros produtos	41,0	65,6	105,2	168,5
	Carga geral	41,0	65,6	105,2	168,5
Hidrovia	Granéis vegetais e líquidos	18,3	20,3	50,3	83,4
Dutovia	Granéis líquidos	23,9	39,7	65,9	109,3
Cabotagem	Todos os produtos	100,0	116,0	134,4	155,6

FONTE: Adaptado de Brasil (2007).

Gorman (2008) apresentou estimativas de custos com congestionamentos para os modais rodoviário e ferroviário, em US$0,0017 e US$0,0003 por tonelada vezes milha, respectivamente, sugerindo assim que o modal rodoviário está mais exposto a condições de congestionamento do que o modal ferroviário, que conta com um controle de tráfego mais rigoroso, devido às suas características estruturais.

No Brasil, Siqueira (2000) quantificou a competitividade entre o modal hidroviário versus o rodoviário, tomando por base valores de frete na rota Manaus–São Paulo. Seus cálculos apontaram uma economia de 43% para o R$/t (se considerado o R$/m^3, a economia passa para 22%) da cabotagem em relação ao rodoviário.

Ao considerar o modelo matemático proposto pelos autores Costa (2006) e Chebat (2006), afora os custos diretamente ligados ao frete, outro ponto importante de comparação entre os segmentos rodoviários e cabotagem é o custo-benefício dos gastos com combustível. Embora o transporte rodoviário seja favorecido por custos subsidiados de combustível (ao passo que os armadores compram óleo conforme o preço internacional), o transporte por cabotagem ainda pode ser vantajoso para trechos de percurso mais longo. A cabotagem chega a ser até quatro vezes mais eficiente, do ponto de vista energético, do que o transporte rodoviário.

Wang (2008), através da estimação de curvas de indiferença, realizou análises comparativas de custos logísticos entre o transporte rodoviário e o transporte intermodal. O autor verificou o impacto da mudança nas variáveis valor da mercadoria e volume de vendas sobre os custos logísticos em análise. Wang (2008) evidenciou assim que, quando o custo logístico gira em torno de 950 euros por contêiner, é indiferente a escolha entre o transporte rodoviário e o transporte intermodal rodoferroviário. Na área abaixo das curvas de indiferença de 950 euros por contêiner, considerando-se o mesmo produto e a mesma demanda para as duas alternativas de transporte, o intermodal rodoferroviário é mais adequado do que o rodoviário. Já na área acima das linhas de indiferença de 950 euros por contêiner, é mais vantajoso o transporte rodoviário.

O objetivo principal do projeto de Ricci e Black (2005) foi examinar os custos internos e externos de transporte intermodal e compará-los com os custos de soluções puramente rodoviárias. Na mesma linha, Janic (2007) comparou os custos totais do transporte rodoviário e do transporte intermodal de cargas nos corredores europeus de transporte. O autor observou que os custos externos representam em média 21% dos custos totais rodoviários e 17% dos custos totais intermodais. Já ao considerar apenas os custos internos, o transporte intermodal torna-se mais competitivo do que o transporte rodoviário, para distâncias porta a porta maiores do que 900km. Concluiu Janic (2007) que, incorporando os custos externos à sua análise, o transporte intermodal só será mais competitivo que o transporte rodoviário em distâncias porta a porta maiores do que 1.100km.

Eller, Sousa Jr. e Curi (2011), estudando o transporte de cargas no Brasil, confrontaram os custos de implantação, operação e manutenção dos modais rodoviário e ferroviário, considerando os custos da tonelada por quilômetro útil de cada um dos modais. Os resultados demonstraram que o modal ferroviário apresenta custos fixos elevados, em decorrência de grandes investimentos em trilhos, locomotivas e vagões. Já no modal rodoviário, os custos variáveis é que são elevados. Ao final do estudo, averiguaram que, ao considerarem custos de médio e de longo prazo, mostra-se mais eficiente a priorização de investimentos no modal ferroviário em relação ao modal rodoviário.

Método

Esta pesquisa sobre o uso predominante do modal rodoviário na logística brasileira foi de abordagem quantitativa, com finalidade descritiva, utilizando como procedimento a análise de documentos, e como meio de investigação, o laboratorial.

A pesquisa documental utilizou os registros das aplicações realizadas do Laboratório de Logística BR-LOG, escolhido por considerar apenas a localização de cidades brasileiras, distâncias reais entre elas, bem como a disponibilidade de modais de transporte próxima à realidade do nosso país, característica não encontrada, até o presente momento, em outros jogos de logística.

O BR-LOG possibilita a tomada de decisão referente à escolha do (i) modal de transporte utilizado e mensurar os (ii) resultados financeiros e o (iii) *market share* das empresas participantes, as três variáveis que são objetos desta pesquisa.

O funcionamento e demais características do Laboratório de Logística BR--LOG já foram esclarecidos em capítulos anteriores.

As informações necessárias à realização deste estudo foram obtidas a partir de uma base de dados em que constam os resultados das tomadas de decisões de 41 empresas virtuais que participaram das aplicações do BR-LOG, constituídas por alunos de cursos de graduação e pós-graduação em disciplinas que envolveram o estudo de logística nas seguintes instituições de ensino: Escola Superior de Propaganda e Marketing (ESPM), do Instituto de Pós-Graduação e Pesquisa em Administração da Universidade Federal do Rio de Janeiro (COPPEAD) e do Instituto Brasileiro de Mercado de Capitais (IBMEC).

Em cada aplicação é possível customizar os parâmetros de forma individual, ou seja, considerar custos de fabricação dos produtos diferentes, por exemplo. Mas, para fins de homogeneização da amostra, todos os parâmetros foram mantidos os mesmos em todas as aplicações.

A seguir, oferece-se uma breve explicação sobre como foram computadas cada uma das três variáveis que a pesquisa aborda:

1. resultado financeiro — ao final do jogo, o lucro total obtido pelas empresas foi extrapolado, considerando uma projeção igual ao resultado efetivamente acumulado mais a média das últimas cinco semanas, projetada até o final do ano;

2. *market share* final médio por empresa — ao final do jogo, a participação de mercado de cada empresa foi calculada pela média do seu *market share* nos cinco produtos; essa participação em cada produto foi o somatório da quantidade vendida ao longo de todas as semanas por cada empresa comparado percentualmente ao somatório de todas as empresas; e

3. modal rodoviário: esta variável levou em consideração o percentual de emprego do modal rodoviário sobre o total utilizado pelos demais modais para cada empresa. Foi utilizado o conceito de emprego de cada modal com base em TKU (toneladas por quilômetro útil) .

A fim de alcançar os objetivos específicos, duas hipóteses de pesquisa foram estabelecidas e testadas, tomando como base a teoria revisada na seção anterior deste capítulo.

A primeira hipótese do estudo sugere que as empresas que possuem maior dependência do modal rodoviário de transporte possuem menor *market share*. Segundo a teoria levantada, a utilização de mais de um modal permite agregar vantagens típicas de cada um deles, caracterizadas pelo nível de serviço e custo. Essas considerações sugerem que as empresas com maior *market share*, em consequência da adoção de uma política de uso de mais de um modal de transporte, também são as que obtêm melhores resultados financeiros.

A segunda hipótese sugere que as empresas que possuem menor dependência do modal rodoviário de transporte obtêm melhores resultados financeiros. Isso é relatado pela teoria quando são comparados custos entre os modais de transporte. No caso de transporte a grandes distâncias, superiores a 900km, o uso exclusivo do modal rodoviário deixa de ser vantajoso. Considerando o Brasil, um país de grandes dimensões, essa distância limite é facilmente alcançada, levando a maiores custos e, consequentemente, piorando os resultados financeiros das empresas. Adicionalmente, caso confirmada a primeira hipótese, seria esperado que menor *market share* acarretasse pior receita de vendas e, eventualmente, resultado financeiro.

A Figura 8.1 resume a relação entre as variáveis estudadas nas hipóteses desta pesquisa. Os números no interior das setas horizontais correspondem às hipóteses na mesma sequência apresentada. As setas vermelhas mostram crescimento e redução, conforme indicado nas hipóteses de pesquisa. Por exemplo, a primeira hipótese do estudo infere que as empresas que possuem maior dependência do modal rodoviário possuem um menor *market share*.

FIGURA 8.1. **RELAÇÃO ENTRE AS VARIÁVEIS ESTUDADAS NAS HIPÓTESES DE PESQUISA**

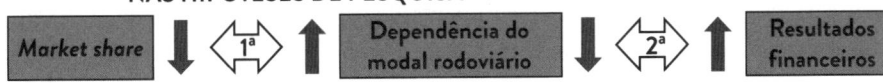

FONTE: Elaboração própria.

As análises desenvolvidas procuraram demonstrar, por correlações entre as variáveis propostas, se corroboraram ou não o que versa a literatura pesquisada sobre o tema.

As correlações obtidas em cada uma das análises foram interpretadas e consistiram nos elementos para a testagem das hipóteses, formuladas com base na teoria levantada. Os resultados dos coeficientes obtidos nas correlações de cada uma das hipóteses tiveram sua significância estatística avaliada.

Para a primeira hipótese, o resultado esperado seria uma correlação negativa entre as variáveis "Dependência do modal rodoviário" e "*Market share*".

O resultado esperado para a segunda hipótese também seria uma correlação negativa entre as variáveis "Dependência do modal rodoviário" e "Resultado financeiro".

Em relação à limitação do método, vale destacar que o BR-LOG toma como base um modelo que é uma simplificação da realidade, não contemplando todas as variáveis e eventualidades, tais como greves de caminhoneiros, variações cambiais, alterações no preço de combustíveis etc. Em função disso, não há a pretensão de sugerir que ele seja capaz de representar perfeitamente as condições logísticas do transporte no mercado brasileiro.

Outra limitação remete às empresas participantes das diferentes aplicações do jogo, geridas por alunos, com diferentes graus de experiência na área. O ideal seria fazer estudos diferentes, com diferentes amostras, cada uma delas homogênea em termos de experiência dos alunos (uma amostra só com alunos de graduação; outra só de especialização para recém-formados; outra para profissionais já experientes). No entanto, essa segmentação deixaria cada amostra muito pequena, já que o histórico conta com dados de apenas 41 empresas, prejudicando a significância estatística dos testes.

Adicionalmente, muitos dos alunos gestores das empresas laboratoriais estavam cursando a graduação, não se tratando de profissionais experientes na área de logística. Assim, não seria correto afirmar que os resultados seriam exatamente os mesmos se as decisões que impactam os indicadores estudados tivessem sido tomadas por profissionais de mercado pertencentes a empresas reais, o que caracterizaria uma pesquisa empírica, e não experimental, como a pretendida neste estudo. Com o intuito de minimizar essa última limitação, o tratamento desconsiderou os *outliers* (valores atípicos) de forma a reduzir discrepâncias.

Resultados e Análise

O processo de transformação dos dados coletados nas rodadas do jogo BR-LOG em informações que subsidiaram as análises e conclusões desta pesquisa iniciou com a filtragem dos registros exclusivos às variáveis ora abordadas no estudo.

De posse dos dados calculados, foi elaborada a Tabela 8.4, que consolida as informações nas quais se basearam as verificações das hipóteses, através de correlações entre as variáveis sugeridas na pesquisa.

TABELA 8.4. **INFORMAÇÕES CONSOLIDADAS DAS VARIÁVEIS ESTUDADAS NAS 41 EMPRESAS LABORATORIAIS**

TURMA	EMPRESA	RESULTADO FINANCEIRO	MARKET SHARE	MODAL RODOVIÁRIO
COPPEAD 1	1	-R$3.574.432,08	10%	69,52%
	2	-R$4.055.470,60	36%	42,30%
	3	R$4.450.625,59	37%	40,33%
	4	-R$6.077.456,96	17%	52,27%
COPPEAD 2	5	R$18.160.521,84	40%	91,85%
	6	R$19.142.915,26	22%	55,11%
	7	R$2.977.891,59	8%	98,81%
	8	R$19.303.901,00	29%	94,77%
COPPEAD 3	9	R$8.045.996,71	28%	22,19%
	10	R$4.264.527,77	15%	80,07%
	11	R$33.378.753,41	39%	74,64%
	12	R$5.586.796,29	17%	100,00%
COPPEAD 4	13	-R$3.420.239,70	10%	74,26%
	14	R$32.431.805,69	39%	49,03%
	15	R$1.667.756,33	9%	78,81%
	16	R$26.893.404,76	42%	29,54%
ESPM 1	17	R$11.475.324,06	56%	84,35%
	18	R$2.017.606,86	21%	44,23%
	19	-R$1.194.877,79	22%	96,38%
	20	-R$936.490,04	1%	28,40%
ESPM 2	21	-R$984.526,98	50%	99,88%
	22	-R$2.241.996,19	45%	41,98%
	23	-R$1.429.329,85	5%	99,79%
ESPM 3	24	R$1.743.271,88	76%	91,52%
	25	-R$3.774.844,95	3%	93,32%
	26	-R$3.829.062,81	14%	81,06%
	27	-R$3.084.355,32	7%	60,48%
IBMEC 1	28	R$2.844.143,37	25%	70,79%
	29	R$337.966,07	31%	64,21%
	30	R$2.179.622,36	32%	92,87%
	31	-R$3.126.649,08	12%	48,40%

TURMA	EMPRESA	RESULTADO FINANCEIRO	MARKET SHARE	MODAL RODOVIÁRIO
	32	R$600.509,52	8%	91,94%
IBMEC 2	33	R$2.483.744,09	20%	72,17%
	34	R$2.201.095,02	72%	74,84%
	35	-R$2.015.411,25	15%	91,18%
	36	R$2.168.201,89	13%	50,22%
IBMEC 3	37	R$4.822.926,85	28%	78,76%
	38	R$1.659.734,05	44%	39,26%
	39	-R$434.308,05	19%	24,64%
IBMEC 4	40	R$5.237.445,56	56%	63,93%
	41	R$3.626.296,64	25%	32,76%

FONTE: Elaboração própria.

Utilizando os valores obtidos e expostos na tabela, as correlações entre as variáveis foram calculadas. Correlações com valores entre 0 (zero) e 0,3 são consideradas fracas. Já as correlações que se apresentam com valores entre 0,3 e 0,6 são consideradas moderadas. Acima de 0,7 (até o valor máximo de 1,0), as correlações são consideradas fortes.

A significância do coeficiente de correlação pode ser confirmada através do teste de hipótese para a correlação. Para valores p obtidos menores do que o nível de significância adotado de $\alpha = 5\%$ rejeitou-se a hipótese nula, e pode-se concluir que o coeficiente de correlação é significativamente diferente de zero.

A seguir são expostas as análises das hipóteses da pesquisa, com base nos relacionamentos obtidos entre as variáveis presentes em cada hipótese.

Análise da Hipótese 1

A primeira hipótese sugere que as empresas que possuem maior dependência do modal rodoviário de transporte possuem menor *market share*.

A correlação obtida entre as variáveis percentual de uso do modal rodoviário (em detrimento ao uso dos demais modais de transporte) e a participação de mercado das empresas laboratoriais foi de -0,03, o que é estatisticamente irrelevante, não comprovando haver nada que relacione essas duas variáveis.

Ainda que estatisticamente insignificante, este resultado permite verificar o grau de complexidade que existe na relação entre a opção pelo modal de transporte e a participação de mercado. Na teoria pesquisada, existem argumentos que indicam haver possibilidades de ganho, tanto financeiro quanto de *market share*, ao combinar diferentes modais que permitem uma entrega porta a porta a um menor custo a um tempo relativamente menor, buscando equilíbrio entre preço e serviço.[6]

Considerando o esclarecimento de Ribeiro e Boente (2014), de que o transporte rodoviário adéqua-se mais a distâncias curtas e com cargas reduzidas, ao passo que a opção de intermodalidade é favorecida por distâncias superiores e para cargas de maior volume, o resultado obtido na simulação pode ter sido obtido pela inexperiência dos jogadores que, por optarem por modais que despendem mais tempo do que outros para um mesmo deslocamento, podem ter deixado de abastecer seus estoques no tempo devido, perdendo tanto em resultados financeiros quanto em novas encomendas e, consequentemente, em participação de mercado.

Também existem afirmações em oposição, como no exemplo citado por Kotler e Keller (2012), em que a opção do modal ferroviário ao aéreo, tendo em vista a redução de custos de transporte, leva a um maior tempo de entrega e a uma possível perda de clientes para um concorrente mais ágil.

Novaes (2007) também diz haver antagonismo ao desejar garantir um elevado nível de serviço e, simultaneamente, obter redução de custos.

O resultado obtido demonstra a necessidade de reflexões e estudos mais profundos para melhor compreensão da relação entre as variáveis estudadas, assim como permite perceber a necessidade de simuladores com alto grau de complexidade que viabilize a consideração de mais variáveis que possibilitem a captação de resultados mais esclarecedores.

Análise da Hipótese 2

A segunda hipótese infere que as empresas que possuem menor dependência do modal rodoviário de transporte obtêm melhores resultados financeiros.

A correlação de -0,07, obtida entre as duas variáveis testadas nesta hipótese, não possui significância estatística relevante.

Esse resultado contraria os autores estudados, como Padula (2008), Gorman (2008), Siqueira (2000) e Eller, Sousa Jr. e Curi (2011) ao afirmarem que existem

---

6 RIBEIRO; FERREIRA, 2002.

vantagens econômicas no maior emprego de modais ferroviários e aquaviários. Uma possível análise para esse fato pode ser atribuída simplesmente à ampla existência de rodovias e pouca disponibilidade de transporte pelos modais ferroviários e aquaviários. Dessa forma, muitos dos transportes realizados no Brasil apenas podem ser feitos por rodovias, não sendo possível aferir se o uso de outros modais traria melhores resultados financeiros.

Outra possibilidade é a inferência desse resultado relacionar-se ao fato de a combinação de modais ter sido considerada de maior complexidade em sua programação, e talvez por isso ter sido relegada. Extrapolando essa ilação do nível simulado para o nível de empresas reais, a opção por usar prioritariamente o modal rodoviário, em detrimento dos modais ferroviário e hidroviário, pode relacionar-se também à dificuldade em ajustar horários de chegadas e partidas entre os modais, incluindo nessa dificuldade o fato de, pela escassez de outros modais que não o rodoviário, não haver partidas e chegadas com opções suficientes que estimulem o uso da intermodalidade de transportes.

Aliada às possibilidades anteriormente levantadas, uma causa plausível do resultado obtido pode ser o desconhecimento, por parte dos jogadores, do limite assinalado por Janic (2007), em que a competitividade do transporte intermodal se faz perceber a partir de entregas acima de 900km, considerando-se os custos internos (como estoques, armazenagem e transporte), embora o estudo de Janic (2007) tenha por referência o transporte de cargas nos corredores europeus.

Considerações Finais

O presente estudo teve como objetivo avaliar o impacto causado pelo uso preponderante do modal rodoviário de transporte sobre o *market share* e resultados financeiros de empresas laboratoriais participantes de um jogo de empresas, trazendo como característica peculiar a sugestão da viabilidade de estudar e testar aspectos teóricos em um ambiente virtual, sem a necessidade de correr riscos reais.

Verificou-se que tanto a primeira quanto a segunda hipóteses não apresentaram resultados significativos, ainda que o valor das correlações obtidas nos testes tenha sido negativo, o que pode mostrar indícios de que as hipóteses possam estar em acordo com a literatura pesquisada.

Possivelmente os resultados não conclusivos obtidos pelo uso de modal rodoviário (presentes nas hipóteses 1 e 2) se deram pelo fato de existirem poucas opções a este modal de transporte no Brasil, de forma que se constitui em uma "competição" injusta na comparação, uma vez que existe a enorme vantagem no total de quilômetros cobertos pelas rodovias. Além disso, o uso do modal aéreo é pouco viável pelos altos custos. Embora as correlações nessas duas hipóteses tenham sido próximas a 0 (zero), os sinais indicam correlações negativas no sentido proposto pelas duas hipóteses.

O fato de os resultados não terem comprovado as hipóteses elaboradas demonstra que não se trata de assunto trivial e aponta a necessidade de aprofundamento das pesquisas.

Assim como em qualquer método, o uso de simuladores e jogos de empresas como forma de testar uma pesquisa possui suas limitações, tais como os diferentes níveis de conhecimento e vivências profissionais dos jogadores; as variáveis não contempladas no mecanismo do jogo; o período empregado nas partidas e mesmo a possível falta de comprometimento por parte dos jogadores, uma vez que as empresas não serão efetivamente afetadas pelas consequências de suas tomadas de decisões.

Porém, tal como no campo dos fenômenos, no qual se empregam vasos adiabáticos e as condições normais de temperatura e pressão (CNTP) para isolar e estudar certos fenômenos, jogos e simuladores também se valem do recurso de isolar parte das variáveis que se deseja estudar.

Além disso, não se pode desconsiderar a evolução tecnológica, que permite tornar jogos e simuladores cada vez mais próximos a uma representação fidedigna da realidade. Dessa forma, ainda que existam limitações no emprego dos simuladores e jogos, estes se mostram como uma maneira original de se desenvolverem estudos científicos, tal como o apresentado neste capítulo e mesmo como ambiente para o desenvolvimento de novas teorias.

Este Capítulo

Após esta terceira parte do livro se concentrar em testes ligados a atividades core da logística, a próxima e última parte continua testando elementos de pesquisa logística, mas, dessa vez, aqueles que interfaceiam a área de marketing.

PARTE 4

ASPECTOS DA INTERFACE LOGÍSTICA-MARKETING

Testando a Relação Nível de Serviço versus Preço de Venda

Introdução

Será que empresas que oferecem nível de serviço logístico mais elevado alcançam mesmo maiores receitas e incorrem em custos maiores como prega a teoria?

A proposta deste capítulo consistiu em aplicar a metodologia do Laboratório de Logística para testar:

1. de que forma o nível de serviço logístico prestado pelas empresas no jogo é capaz de impactar as receitas, os custos e o resultado operacional dessas empresas;

2. de que forma o preço de venda dos produtos praticado pelas empresas no jogo é capaz de impactar as receitas e o resultado operacional dessas empresas;

3. se o nível de serviço logístico prestado pelas empresas no jogo está alinhado com os preços de venda dos produtos praticado por elas.

Hipóteses de Pesquisa

Desta forma, acredita-se que os resultados deste trabalho permitiram ajudar a verificar se, entre outras coisas — em um ambiente simulado —, conforme prega a teoria:[1]

1. o nível de serviço é capaz de impactar positivamente os seguintes indicadores:
    a. receitas;
    b. custos;
    c. resultado operacional;
    d. retorno sobre o investimento;
2. o preço de venda é capaz de impactar os seguintes indicadores:
    a. receitas;
    b. resultado operacional; e
3. o nível de serviço e o preço de venda praticado pelas empresas caminham na mesma direção (níveis de serviço melhores encerrando preços maiores).

Nível de Serviço e Preço de Venda

No serviço ao cliente, as empresas procuram criar valores para os seus clientes através de um serviço de nível superior, com entregas mais frequentes, cumprimento de prazos e disponibilidade de mercadorias, entre outros.[2]

Segundo Bowersox e Closs (1996), o nível de serviço logístico pode ser medido em termos de:

1. disponibilidade — é a capacidade de ter estoque quando desejado pelo cliente e costuma ser medida em termos de falta de estoque, do percentual de preenchimento das ordens e da quantidade de pedidos plenamente atendidos;

1 BALLOU, 1993; BESANKO *et al.*, 2006; BOWERSOX; CLOSS, 1996; CHURCHIL, 2000; PORTER, 1980.
2 GOMES; RIBEIRO, 2004.

2. desempenho operacional — pode ser medido em termos de velocidade;

3. consistência, flexibilidade e recuperação de falhas; e

4. confiabilidade — muito relacionada ao fornecimento de informações acuradas.

Para algumas empresas, nível de serviço logístico é o tempo necessário para entregar um pedido ao cliente; para outras, a disponibilidade de estoque.[3]

Alguns outros indicadores, apresentados por Heskett (1971), complementam o conceito: lote mínimo de compra; proporção dos pedidos atendidos com exatidão; porcentagem de ordens atendidas dentro de um intervalo de tempo; facilidade e flexibilidade com que o cliente pode gerar o pedido.

No ambiente operacional de hoje, praticamente qualquer nível de serviço logístico pode ser atingido se forem comprometidos os recursos necessários. Atualmente, o fator limitante é econômico, e não tecnológico. Mas, na prática, o serviço perfeito seria custoso, e não necessário. O serviço logístico consiste em um equilíbrio entre prioridades do serviço e custo; ou seja, o gestor logístico preocupado com o nível de serviço está sempre se perguntando se consiste em um investimento válido o custo associado a conseguir prestar serviço a um nível específico.[4]

Ballou (1993) disserta na mesma linha, ressaltando que um maior nível de serviço logístico custa mais que níveis menores. A solução de máximo nível deve ser demasiado cara para a implementação. O custo de estabelecer certo nível de serviço deve ser contrabalançado com vendas potenciais. Em geral, quanto maior o nível de serviço, maiores serão as receitas, mas também os custos. O maior lucro não é necessariamente atingido com maiores níveis de serviço.

Dessa forma, o gerenciamento logístico deve planejar e coordenar as atividades necessárias para alcançar os níveis desejáveis de serviços e qualidade, mas de forma eficiente em termos de custos.[5]

....
3 BALLOU, 1993.
4 BOWERSOX; CLOSS, 1996.
5 GOMES; RIBEIRO, 2004.

Mas, assim como aumentam os custos, diversos atributos do nível de serviço como a disponibilidade de produto, a pronta entrega e o atendimento correto dos pedidos agradam ao cliente, o que pode aumentar as vendas.[6]

Gomes e Ribeiro (2004) justificam essa possibilidade dizendo que, a partir do momento em que os produtos vão se tornando commodities, o serviço ao cliente toma importância maior na diferenciação dos produtos.

Além do nível de serviço (e da qualidade), o preço é o outro dos principais atributos que constituem o produto, de acordo com Ballou (1993).

Segundo Kotler e Armstrong (2000), é necessária uma definição clara do posicionamento do produto no mercado antes da definição do preço. É preciso sincronizar a estratégia de apreçamento com as estratégias do *marketing mix* (além de preço: promoção, praça e produto/serviço). Os custos também devem ser considerados, pois eles determinam o mínimo a ser cobrado pelo produto e devem incluir os custos com produção, distribuição e venda do produto.

O *marketing mix* das empresas (promoção, praça, produto/serviço e preço) precisa ser ajustado de acordo com as necessidades dos clientes[7].

Uma empresa que opta pela estratégia de diferenciação deve procurar formas de se diferenciar, que normalmente são custosas, por exemplo, oferecer um nível de serviço bem superior à concorrência. A consequência natural do custo da diferenciação é a necessidade de praticar um preço *premium*, capaz de compensar o custo superior.[8]

De acordo com Besanko *et al.* (2006), se a empresa aumenta o preço e tem uma pequena queda nas vendas, pode-se supor que a receita de vendas aumentará, já que o aumento do preço compensará a queda na quantidade. Mas, se com o aumento do preço as vendas caírem drasticamente, pressupõe-se que a receita de vendas diminuirá também.

Isso vai depender da elasticidade preço da demanda, que impacta consideravelmente a previsão da receita total. Para um produto com demanda elástica, a receita total aumenta em função de uma redução no preço, mas para um produto com demanda inelástica, a receita total aumenta em função de um aumento no preço.[9]

---

6 BALLOU, 1993.
7 BOWERSOX; CLOSS, 1996.
8 PORTER, 1980.
9 CHURCHIL, 2000.

Gold e Pray (1984) pesquisaram, em diversos simuladores empresariais, essa elasticidade preço da demanda, que se apresentou sempre negativa, indicando que um aumento no preço implica redução na quantidade vendida.

Lemos (2011) também pesquisou esta elasticidade, mas em uma empresa simulada participante de um jogo de empresas específico. Ao estudar como as decisões de preço podem influenciar a receita de uma empresa, a autora concluiu que nem sempre uma redução de preços garante o aumento da receita e vice-versa, e que, na prática, consequentemente os conceitos microeconômicos não se comportam necessariamente da forma como a teoria apresenta.

Honaiser e Sauaia (2008), novamente no contexto de jogos de empresas, pesquisaram a influência do preço na demanda, mas considerando o preço relativo de cada empresa virtual em comparação ao preço médio da indústria.

Já os resultados obtidos por Oliveira e Alves (2012), também no ambiente de um jogo de empresas, confirmam a literatura, apontando a política de preços como instrumento útil e válido no apoio a estratégias de marketing. Os autores analisaram a relação entre diferentes políticas de preços e os resultados obtidos com essas políticas pelas empresas participantes do jogo, concluindo — especificamente no ambiente testado — que a política de maximização da participação no mercado foi a que teve o potencial de gerar o maior faturamento.

Mas tal elasticidade depende de vários fatores, inclusive da indústria em questão. Na área de saúde, Pires (2010) verificou que o aumento do preço por cuidados médicos levou a uma redução mais do que proporcional das quantidades procuradas, ocasionando uma diminuição na receita.

Metodologia

O jogo BR-LOG foi aplicado durante os anos de 2011, 2012, 2013 e 2014 em:

1. quatro turmas de especialização em logística do COPPEAD/UFRJ, constituindo a própria disciplina jogo de logística;

2. três turmas de graduação em administração da Escola Superior de Propaganda e Marketing (ESPM), nas suas três filiais (Rio de Janeiro, São Paulo e Porto Alegre), como parte integrante e uma das formas de avaliação de disciplinas relacionadas à logística empresarial; e

3. em quatro turmas do CBA em logística (pós-graduação) do Instituto Brasileiro de Mercado de Capitais (IBMEC/RJ), constituindo a própria disciplina jogo de logística.

Cabe deixar claro que o objetivo deste trabalho não consistiu em testar o simulador em ambiente de sala de aula, mas, sim, em usá-lo para testar elementos de pesquisa, conforme destacado na Introdução.

Para testar a relação dos atributos relacionados à venda dos produtos (nível de serviço logístico e preço) com os indicadores financeiros das empresas no jogo (receita, custo total, lucro e retorno sobre o investimento), foram realizadas algumas análises de correlação linear envolvendo seis variáveis e considerando indistintamente as empresas de todas as turmas que participaram do jogo. Os valores das seis variáveis envolvidas na análise foram coletados, para cada empresa, conforme especificado a seguir:

1. nível de serviço logístico (%) — percentual das unidades encomendadas que foi efetivamente entregue, considerando todos os atacadistas e todos os produtos;

2. preço (%) — média, para todos os produtos, do preço médio (para todas as semanas) praticado pela empresa em cada produto, representado como um percentual do preço médio geral (para todas as empresas) de cada produto;

3. receita (R$) — total vendido pela empresa ao longo de todas as semanas, em termos de volume financeiro e considerando todos os produtos e atacadistas;

4. custo total (R$) — custo total da empresa ao longo de todas as semanas;

5. resultado final (R$) — receita acumulada menos custo total acumulado ao longo de todas as semanas;

6. retorno sobre o investimento (%) — resultado final dividido pelo valor financeiro investido em ativos.

Procurou-se, inicialmente, examinar a correlação linear entre o nível de serviço logístico das empresas e (i) sua receita (hipótese 1a, definida na Seção 1.2), (ii) seu custo total (hipótese 1b); (iii) seu resultado final (1c) e (iv) seu retorno sobre o investimento (1d). Em seguida, atacando um problema de pesquisa similar ao estudado por Lemos (2011) e Oliveira e Alves (2012) — a elasticidade preço da demanda — foi calculada a correlação linear entre o preço das empresas e (i) sua receita (hipótese 2a) e (ii) seu resultado final (2b). Finalmente, uma análise de correlação linear entre o nível de serviço logístico e o preço das empresas permitiu verificar a ocorrência ou não de coerência estratégica (empresas com melhor nível de serviço logístico praticando preços mais altos) (hipótese 3).

Os resultados dos testes foram comparados às conclusões teóricas e empíricas (mas não experimentais) encontradas na literatura acerca dos elementos envolvidos na análise e da sua influência no mundo real, assim como fizeram Lima e Sauaia (2008) em relação ao impacto do investimento em P&D nos resultados empresariais; Ribeiro (2012), quanto ao impacto de um bom planejamento da produção nos custos de produção; Lemos (2011) e Oliveira e Alves (2012), em relação ao impacto do preço na receita de vendas e no desempenho financeiro; Silva e Sauaia (2012), quanto ao impacto do cumprimento do plano de marketing na redução das incertezas e na melhoria do desempenho; e Rivera, Domenico e Sauaia (2014), em relação à influência da heterogeneidade dos times de alta gerência — em termos de valores individuais — no seu desempenho.

Por exemplo, de acordo com a teoria, espera-se, em princípio, que as empresas com melhor nível de serviço logístico o consigam encerrando custos totais mais elevados (hipótese de pesquisa 2b), mas, em compensação, obtendo receitas de vendas mais expressivas (hipótese 2a).

Resultados

Os valores das seis variáveis descritas na seção anterior foram coletados para as 41 empresas que participaram das 11 turmas mencionadas anteriormente e estão apresentados na Tabela 9.1.

TABELA 9.1. **NÍVEL DE SERVIÇO LOGÍSTICO, PREÇO, RECEITA, CUSTO TOTAL, RESULTADO FINAL E RETORNO SOBRE O INVESTIMENTO DAS 41 EMPRESAS ADMINISTRADAS PELOS JOGADORES DAS 11 TURMAS**

INSTITUIÇÃO	TURMA	EMPRESA	NÍVEL DE SERVIÇO LOGÍSTICO	PREÇO	RECEITA	CUSTO TOTAL	RESULTADO FINAL	RETORNO SOBRE O INVESTIMENTO
C O P P E A D	1	1	37%	100%	R$3.006.693	R$6.581.125	-R$3.574.432	-248%
		2	88%	98%	R$6.296.653	R$10.352.123	-R$4.055.471	-115%
		3	74%	104%	R$11.162.083	R$6.711.458	R$4.450.626	226%
		4	82%	98%	R$3.078.102	R$9.155.559	-R$6.077.457	-410%
	2	1	71%	104%	R$27.001.240	R$8.840.718	R$18.160.522	1808%
		2	37%	89%	R$25.649.144	R$6.506.229	R$19.142.915	2223%
		3	34%	96%	R$6.098.585	R$3.120.693	R$2.977.892	337%
		4	52%	112%	R$26.616.431	R$7.312.530	R$19.303.901	1384%
	3	1	82%	94%	R$22.172.663	R$14.126.666	R$8.045.997	344%
		2	41%	99%	R$13.110.500	R$8.845.972	R$4.264.528	244%
		3	51%	113%	R$43.469.037	R$10.090.283	R$33.378.753	2427%
		4	70%	94%	R$12.087.743	R$6.500.947	R$5.586.796	260%
	4	1	56%	96%	R$7.685.173	R$11.105.413	-R$3.420.240	-92%
		2	53%	92%	R$39.825.213	R$7.393.407	R$32.431.806	3213%
		3	32%	91%	R$4.839.207	R$3.171.450	R$1.667.756	270%
		4	91%	121%	R$40.054.089	R$13.160.684	R$26.893.405	1751%
E S P M	1	1	43%	103%	R$15.446.823	R$3.971.499	R$11.475.324	965%
		2	33%	107%	R$4.262.496	R$2.244.889	R$2.017.607	280%
		3	27%	95%	R$2.209.213	R$3.404.091	-R$1.194.878	-70%
		4	3%	95%	R$267.250	R$1.203.740	-R$936.490	-236%
	2	1	0%	99%	R$62.608	R$1.047.135	-R$984.527	-339%
		2	20%	102%	R$2.013.538	R$4.255.534	-R$2.241.996	-479%
		3	5%	99%	R$312.394	R$1.741.724	-R$1.429.330	-318%
	3	1	9%	99%	R$4.901.139	R$3.157.868	R$1.743.272	173%
		2	1%	101%	R$157.830	R$3.932.675	-R$3.774.845	-309%
		3	2%	100%	R$894.444	R$4.723.507	-R$3.829.063	-122%
		4	9%	100%	R$370.004	R$3.454.359	-R$3.084.355	-395%

INSTITUIÇÃO	TURMA	EMPRESA	NÍVEL DE SERVIÇO LOGÍSTICO	PREÇO	RECEITA	CUSTO TOTAL	RESULTADO FINAL	RETORNO SOBRE O INVESTIMENTO
I B M E C	1	1	43%	98%	R$6.547.488	R$3.703.345	R$2.844.143	454%
		2	67%	103%	R$7.747.723	R$7.409.757	R$337.966	11%
		3	76%	102%	R$8.207.995	R$6.028.372	R$2.179.622	213%
		4	31%	97%	R$2.338.251	R$5.464.900	-R$3.126.649	-131%
	2	1	25%	99%	R$1.737.581	R$1.137.071	R$600.510	164%
		2	27%	111%	R$4.015.104	R$1.531.360	R$2.483.744	685%
		3	66%	93%	R$10.737.292	R$8.536.197	R$2.201.095	269%
	3	1	28%	103%	R$3.504.941	R$5.520.352	-R$2.015.411	-123%
		2	28%	102%	R$4.165.980	R$1.997.778	R$2.168.202	417%
		3	47%	97%	R$7.287.151	R$2.464.224	R$4.822.927	657%
		4	68%	99%	R$6.209.964	R$4.550.230	R$1.659.734	304%
	4	1	56%	92%	R$3.644.397	R$4.078.705	-R$434.308	-59%
		2	81%	114%	R$18.688.732	R$13.451.286	R$5.237.446	363%
		3	44%	104%	R$5.969.097	R$2.342.800	R$3.626.297	994%

FONTE: Elaboração própria.

De posse desses dados, foi possível realizar as análises de correlação anteriormente mencionadas e testar as hipóteses estabelecidas na Seção 1.2.

Relação entre o Nível de Serviço Logístico e a Receita das Empresas

O coeficiente de correlação linear de Pearson (r) obtido foi de 0,51, indicando uma correlação positiva moderada (entre 0,3 e 0,6). Esse valor é estatisticamente diferente de zero (ausência de correlação), a 1% de significância.

Em outras palavras, é possível afirmar que, de uma maneira geral e com moderada convicção, as empresas que conseguiram um melhor nível de serviço logístico também conseguiram maiores receitas, o que contribui para a confirmação parcial da hipótese 1a — o nível de serviço é capaz de impactar positivamente a receita das empresas.

Relação entre o Nível de Serviço Logístico e o Custo Total das Empresas

Neste caso, houve um alinhamento também positivo, mas certamente mais acentuado do que na relação anterior. O valor de 0,76 obtido para *r* revela uma correlação positiva forte (acima de 0,6). Esse valor é estatisticamente diferente de zero, a 1% de significância.

Assim, é possível afirmar que, de uma maneira geral e com forte convicção, as empresas que conseguiram um melhor nível de serviço logístico também tiveram maiores custos totais, o que contribui para a confirmação plena da hipótese 1b — o nível de serviço é capaz de impactar positivamente o custo total das empresas.

Relação entre o Nível de Serviço Logístico e o Resultado Final das Empresas

Já para esta situação, há uma relação mais nebulosa entre as variáveis. O coeficiente *r* apresentou valor de 0,33, o que caracteriza uma correlação positiva e moderada. Esse valor é estatisticamente diferente de zero, a 5% de significância.

Dessa forma, é possível afirmar com moderada convicção que as empresas que conseguiram um melhor nível de serviço logístico também obtiveram resultados finais superiores, o que contribui para a confirmação parcial da hipótese 1c — o nível de serviço é capaz de impactar positivamente o resultado final das empresas.

Relação entre o Nível de Serviço Logístico e o Retorno sobre Investimento das Empresas

A relação nesta situação é parecida com a da relação anterior. O valor obtido para *r* foi de 0,30, indicando novamente uma correlação positiva moderada. Esse valor é estatisticamente diferente de zero, a 10% de significância.

Por conseguinte, é possível afirmar com moderada convicção que as empresas que conseguiram um melhor nível de serviço logístico também obtiveram melhores retornos sobre o investimento, o que contribui para a confirmação parcial da hipótese 1d — o nível de serviço é capaz de impactar positivamente o retorno sobre o investimento das empresas.

Relação entre o Preço e a Receita das Empresas

O alinhamento foi ligeiramente mais acentuado do que nos casos anteriores. O valor obtido para r foi de 0,35, sugerindo uma correlação positiva moderada. Esse valor é estatisticamente diferente de zero, a 5% de significância.

Ou seja, é possível afirmar que, de uma maneira geral e com moderada convicção, as empresas que trabalharam com preços mais altos também alcançaram maiores receitas, o que contribui para a confirmação parcial da hipótese 2a — o preço é capaz de impactar a receita das empresas.

Relação entre o Preço e o Resultado Final das Empresas

O alinhamento foi parecido com o da última relação. O valor de r de 0,33 implica uma correlação positiva moderada. Esse valor é estatisticamente diferente de zero, a 5% de significância.

É possível afirmar que, de uma maneira geral e com moderada convicção, as empresas que trabalharam com preços mais altos também conseguiram resultados finais melhores, o que contribui para a confirmação parcial da hipótese 2b — o preço é capaz de impactar o resultado final das empresas.

Relação entre o Nível de Serviço Logístico e o Preço das Empresas

Ocorreu uma quase completa ausência de relação entre as variáveis. O coeficiente r obtido é bem baixo (0,19), revelando uma ausência de correlação (abaixo de 0,3). Esse valor não é estatisticamente diferente de zero, a 10% de significância.

Fica claro, assim, que não é possível afirmar que as empresas que conseguiram um melhor nível de serviço logístico também praticaram preços mais altos, o que contribui para a rejeição da hipótese 3 — o nível de serviço e o preço de venda praticado pelas empresas caminham na mesma direção.

Considerações Finais

Este capítulo procurou fazer uso de uma metodologia tipicamente de ensino (os jogos de empresas) para servir de palco experimental para a pesquisa, em uma tentativa de verificar ou refutar a teoria na área de logística.

As variáveis nível de serviço, preço, receita, custo total, resultado final e retorno sobre o investimento de empresas virtuais participantes de 11 aplicações de um jogo de logística em turmas de graduação e pós-graduação foram utilizadas como dados experimentais para testar, na forma de hipóteses de pesquisa, algumas relações entre essas variáveis, que a teoria prega existir.

A hipótese 1a — o nível de serviço é capaz de impactar positivamente a receita das empresas — foi aceita parcialmente. Esse resultado empírico vai ao encontro — parcialmente — do que diz Ballou (1993) sobre a possibilidade de um bom desempenho em nível de serviço gerar valor e agradar os clientes — o que também sugerem Gomes e Ribeiro (2004) — e aumentar as vendas. Segundo o primeiro autor, quanto maior o nível de serviço, maiores serão as receitas em geral, o que, a propósito, também sugere o bom senso.

A hipótese 1b — o nível de serviço é capaz de impactar positivamente o custo total das empresas — também foi confirmada, mas plenamente, o que está de acordo com Bowersox e Closs (1996), que dizem que o serviço perfeito seria custoso; com Ballou (1993), que afirma que um maior nível de serviço logístico custa mais que níveis menores; e com Porter (1980), que indica ser normalmente custoso oferecer um nível de serviço bem superior à concorrência. Tais colocações teóricas, assim como no caso anterior, também corroboram o senso comum.

Já as hipóteses 1c e 1d — o nível de serviço é capaz de impactar positivamente o resultado final e o retorno sobre o investimento das empresas, respectivamente — foram aceitas apenas de forma parcial (e com menos convicção do que a hipótese 1a).

A não confirmação plena dessas hipóteses está parcialmente ligada à teoria pregada por Ballou (1993), que lembra que o maior lucro não é necessariamente atingido com maiores níveis de serviço. Essa ideia é justificada e complementada por Bowersox e Closs (1996), que sugerem uma permanente indagação do gestor logístico acerca da viabilidade do custo associado a conseguir prestar serviço a um nível específico. Gomes e Ribeiro (2004) também colocam que este gestor logístico precisa se preocupar com a eficiência em termos de custos no momento de almejar determinados níveis de serviço.

Se as hipóteses fossem confirmadas de forma plena ou se a teoria indicasse o contrário do que indica, seria constituída uma sugestão implícita de existência de uma estratégia vencedora de maximização do nível de serviço. E, se assim fosse, todas as empresas tentariam praticar essa estratégia, elevando ao máximo o nível de serviço. E isso, obviamente, não é o que ocorre na realidade.

Foram confirmadas também parcialmente ambas as hipóteses relacionadas ao preço, 2a e 2b — o preço é capaz de impactar a receita e o resultado final das empresas, respectivamente — o que refuta parcialmente a teoria, que não é consensual a esse respeito.

Besanko *et al.* (2006) e Churchil (2000) sugerem que o aumento dos preços pode acarretar uma diminuição ou aumento da receita, variando se a quantidade vendida diminuir muito ou pouco, o que vai depender da elasticidade preço da demanda, o que também foi confirmado experimentalmente em um jogo de empresas por Lemos (2011).

Já Oliveira e Alves (2012) — também em um jogo de empresas — e Pires (2010) encontraram resultados mais incisivos sobre o impacto do preço na receita e no resultado total, verificando que uma redução (aumento) no preço gerou aumento (diminuição) na receita, resultado contrário ao encontrado pela presente pesquisa.

Em vista dessas divergências, parece interessante investigar, oportunamente, em que indústrias/contextos o preço é capaz de impactar positiva ou negativamente, ou ainda não impactar a receita e o resultado final das empresas.

A última hipótese, que relaciona os dois principais construtos desta pesquisa — o nível de serviço e o preço de venda praticado pelas empresas caminham na mesma direção — foi rejeitada com veemência.

Esse resultado vai totalmente de encontro às recomendações de Kotler e Armstrong (2000), para os quais é preciso sincronizar a estratégia de apreçamento com as estratégias do *marketing mix* (que incluem o nível de serviço) e de Porter (1980), que sugere que a consequência natural do custo de oferecer um nível de serviço superior é a necessidade de praticar um preço *premium*, capaz de compensar o custo mais elevado.

Tal discordância, nesse caso, não caracteriza que os resultados experimentais estão refutando os teóricos; apenas indica que os participantes do jogo não estão, de maneira geral, atendendo às sugestões da teoria. A real motivação para esse descolamento ter acontecido pode ser objeto de uma futura pesquisa qualitativa.

Naturalmente, os resultados deste trabalho precisam ser vistos com as devidas ressalvas, já que um jogo de empresas depende de um simulador, que: (i) se aplica a um contexto específico de produtos, matérias-primas e dinâmicas de concorrência, podendo, eventualmente, ter pouca representatividade no contexto analisado; e (ii) é construído em cima de modelo que, por sua vez, nunca deixa de ser uma simplificação da realidade, em função de não contemplar — tanto por conveniência do algoritmo quanto por questões de parcimônia — muitas variáveis relevantes.

Além disso, as empresas participantes das aplicações do jogo foram geridas por alunos (com maior ou menor grau de experiência na área), muitos deles de graduação, e não por profissionais extremamente experientes na área de logística. Dessa forma, seria muito leviano afirmar que os resultados seriam exatamente os mesmos se as decisões que impactam os indicadores estudados tivessem sido tomadas por profissionais de mercado pertencentes a empresas reais, o que caracterizaria uma pesquisa empírica, e não experimental, como foi a relatada neste trabalho.

Não obstante, os resultados experimentais aqui apresentados podem e devem ser levados em conta, pois lançam luz a respeito de alguns modelos teóricos, ora os verificando, ora os refutando, contribuindo para um melhor entendimento deles, mas nunca tendo a pretensão de serem definitivos acerca de tais fenômenos.

Por exemplo, o impacto positivo do nível de serviço nos custos da empresa parece ser mais verdadeiro (correlação forte), à luz dos resultados desta pesquisa, do que o impacto na receita da empresa (correlação moderada); e mais verdadeiro ainda do que o impacto no resultado total e no retorno sobre o investimento (correlações também moderadas, porém mais fracas).

Tais posições relativas das correlações e o sumário dos resultados dos testes das hipóteses de pesquisa podem ser mais bem visualizadas na Figura 9.1.

Como ideias para estudos futuros, sugere-se, conforme já citado, investigar o impacto do preço na receita e no resultado das empresas em diferentes contextos, e pesquisar qualitativamente o motivo de as empresas virtuais não alinharem nível de serviço e preço, como recomenda a teoria.

FIGURA 9.1. **RESULTADO DAS HIPÓTESES DE PESQUISA**

	Nível de serviço	
Custos		Retorno
Receitas		Resultado
	Preço	

→ Relação forte   → Relação moderada   ·····> Relação fraca/inexistente

Fonte: Elaboração própria.

Outra ideia consiste em dar continuidade ao Laboratório de Logística para testar experimentalmente mais alguns elementos de pesquisa na área de logística, conforme sugeridos por Bouzada (2010).

Este Capítulo

Depois de explorar a relação preço versus nível de serviço, o último capítulo do livro estuda a influência do mix de produtos no desempenho das empresas.

Testando a Influência do *Mix* de Produtos sobre a Performance de Empresas

Introdução

Os capítulos precedentes desta parte do livro abordaram uma sequência de atividades e decisões na cadeia logística, passando por questões relativas ao *trade-off* de compras versus preços praticados dos produtos, tamanho de estoques e a centralização ou não destes e o uso de modais de transporte de cargas no Brasil. Prosseguindo, este capítulo aborda um dos últimos objetos de estudo que tangenciam a logística. Vamos tratar de um assunto que se insere no marketing das empresas, mais especificamente, da influência da variedade do *mix* de produtos fabricados por uma empresa sobre seu sucesso financeiro e na sua participação no mercado.

Definir o tamanho da linha de produtos de forma a gerar os melhores resultados mercadológicos é uma decisão complexa que, como veremos, possui argumentos antagônicos entre a ampliação do número de produtos distintos e o foco na especialização em uma variedade limitada.

De acordo com Hitt, Ireland e Hoskisson (2011), são várias as motivações que levam as empresas a utilizarem a estratégia de ampliação de seu conjunto de produtos, normalmente buscando aumentar o valor da empresa e melhorar seu desempenho geral.

Em contrapartida, Hooley (2005) escreve que existe uma relação direta entre a economia de escala (oriunda da especialização em termos de *mix* de produtos), o *market share* e o faturamento, em que economias de escala e efeitos da curva de experiência têm, por consequência, participações mais altas no mercado em relação aos concorrentes (*market share*).

Levantada essa controvérsia, de que forma se poderia mensurar os impactos da abrangência do portfólio de produtos no *market share* e nos resultados financeiros? Como tomar decisões minimizando o risco de efeitos indesejáveis? Como demonstrar, em ambiente livre de riscos, as combinações de decisões que levaram à obtenção de resultados mais favoráveis?

Novamente, os dados colhidos em aplicações com o BR-LOG serão utilizados na busca das respostas dessas questões, procurando também demonstrar a flexibilidade desta metodologia na pesquisa científica.

Com base nessas questões e apontamentos, o objetivo geral deste capítulo consiste em avaliar o impacto causado pela diversificação do portfólio de produtos sobre o *market share* e resultados financeiros de empresas virtuais participantes de um jogo de empresas voltado para a área de logística.

Para atingir o objetivo geral, foram estabelecidos dois objetivos específicos, a saber:

1. verificar o impacto da diversificação do portfólio de produtos sobre o *market share* de empresas virtuais; e

2. verificar o impacto da diversificação do portfólio de produtos sobre os resultados financeiros de empresas virtuais.

Assim, foram testadas as seguintes hipóteses, com base no que sugere a teoria revisada:

1. as empresas que possuem menor *mix* de produtos possuem maior *market share*; e

2. as empresas que possuem maior *mix* de produtos obtêm melhores resultados financeiros.

Este estudo também colabora para a demonstração da viabilidade do uso do BR-LOG na compreensão das consequências acarretadas ao serem empregadas estratégias distintas na composição do *mix* de produtos, em total segurança, pois atingem tão somente empresas fictícias.

Como embasamento teórico para a realização desta pesquisa, é apresentada a seguir uma revisão dos estudos para posterior comparação com as estratégias empregadas por empresas virtuais nacionais.

Mix de Produtos

Bowersox *et al.* (2014) definem produto como resultante do valor agregado aos materiais durante a manufatura, classificação ou montagem. Segundo Kotler e Keller (2006), produto é qualquer coisa que possa ser ofertada a um mercado para atender a uma necessidade ou desejo. Já um *mix* de produtos, também conhecido como sortimento de produtos, representa o conjunto de todos os produtos que uma empresa comercializa.

Kotler e Keller (2006) seguem afirmando que, ao ofertar uma linha de produtos, os gerentes precisam conhecer as vendas e os lucros de cada item, de forma a determinar se novos produtos devem ser criados, que produtos devem ser mantidos, recolhidos ou mesmo descontinuados, considerando que as empresas possuem em sua linha de produtos itens com diferentes margens de lucro. Além disso, deve-se perceber que os objetivos estratégicos das empresas têm influência direta sobre a extensão de sua linha de produtos. Como exemplos de tais objetivos, podem ser citados os seguintes:

1. a criação de uma linha que induza à venda de produtos superiores;
2. a criação de uma linha de produtos que facilite a venda cruzada;
3. a criação de uma linha de produtos que proteja a empresa das oscilações da economia.

Ainda deve-se considerar, quanto à extensão da linha de produtos, que a capacidade produtiva ociosa acaba por forçar o desenvolvimento de novos itens.

Conforme ensinam Kotler e Keller (2006), o marketing de massa é o ponto inicial para as discussões sobre segmentação. Nessa modalidade, existe a dedicação à produção de um produto para todos os compradores. Os autores afirmam que o marketing de massa cria um mercado potencial maior, gerando custos mais baixos, acarretando preços mais baixos ou margens mais altas. Porém, também observam que vem ocorrendo uma fragmentação crescente do mercado, dificultando esse tipo de marketing.

Para Kotler e Keller (2006), uma alternativa às empresas é tornarem-se líderes em nichos, ou seja, em mercados menores. Embora tais mercados possam ser de pouca ou nenhuma importância para empresas de maior porte, podem ser extremamente lucrativos para empresas que utilizem uma estratégia de nicho inteligente, produzindo produtos altamente especializados, com preço *premium* e de qualidade superior. Eles destacam como um dos papéis de nicho justamente a especialização e comercialização de um produto ou uma linha de produtos.

Processos de manufatura passam por decisões de produção visando à economia de escala, na qual o custo médio para a fabricação de um produto diminui conforme aumenta o volume fabricado, implicando especialização de processos, sendo exemplos típicos as indústrias de papel e de aço.[1]

Em oposição à economia de escala há a economia de escopo, que enfatiza a flexibilidade, ou seja, seus processos produtivos caracterizam-se por variar, adaptando-se rapidamente à fabricação ora de um produto, ora de outro. Tal variedade refere-se também à gama (*mix*) de produtos que a empresa fabrica.[2]

As empresas procuram, dessa forma, em todos os seus processos de manufatura, o equilíbrio entre as economias de escala e de escopo, em que o volume e a variedade norteiam os fatores relativos ao apoio logístico.

Alimentando a polêmica sobre a extensão da linha de produtos, pesquisas de Grzebieluckas, Marcon e Alberton (2013) concluíram que, em quaisquer medidas de diversificação, empresas mais rentáveis tendem a diversificar menos, em comparação com aquelas que diversificam mais e que resultaram em uma performance inferior. Mesmo assim, esses autores percebem que a relação entre a estratégia de aumento ou redução no *mix* de produtos e o desempenho das empresas tem sido alvo de pesquisas por parte de estudiosos das áreas de finanças corporativas, administração estratégica e organização industrial. Apesar disso, ainda não existe consonância sobre a existência dessa relação.

Os resultados da pesquisa de Mendes-da-Silva (2004) assinalaram que a performance das empresas diversificadas no Brasil foi inferior à das menos diversificadas, o que vai contra outras pesquisas de âmbito internacional.

Carvalho (2011) afirma que a questão entre diversificar a oferta ou especializá-la talvez seja uma das perguntas mais difíceis de responder, devido aos vários fatores a serem considerados. Um desses motivos remete ao fato de que empre-

....
1 BOWERSOX, 2014.
2 Ibdem.

sários que têm um produto bem-sucedido no mercado procuram otimizar seus processos de fabricação, características e promoção, buscando manter a liderança em seu setor. Certamente, aplicar esforços e capital no aperfeiçoamento de um produto já bem-sucedido é uma estratégia com garantia de resultados positivos perante a aplicação de recurso em vários novos produtos, muitos dos quais (se não todos) poderão sequer retornar o capital neles investidos.

Porém, no caso de investimentos exclusivos em poucos produtos de sucesso, corre-se o risco de, por exemplo, um produto substituto surgir ou, ainda, um novo player de mercado entrar na concorrência e ocorrer uma súbita queda nas vendas, acarretando uma perda possivelmente irreparável para a empresa.

Segundo Koga (2004), o *mix* de produtos de uma empresa deve ser diversificado de modo que atenda não somente às necessidades dos clientes, mas também ser simplificado o suficiente para atender às necessidades de custos e de flexibilidade de produção.

O diretor-executivo da Associação Nacional de Restaurantes (ANR), Lyra (2015), afirma que a principal vantagem de manter um comércio especializado é a simplificação de toda a cadeia de produção, a redução da curva de aprendizado dos funcionários e a gestão de estoques, pois há menos produtos disponíveis, o que implica, também, a redução de espaço para a estocagem.

Para Hitt, Ireland e Hoskisson (2011), são várias as motivações que levam as empresas a utilizarem a estratégia de ampliação do leque de produtos, normalmente buscando aumentar o valor da empresa e melhorando seu desempenho geral. Os autores afirmam que a diversificação de produtos vai gerar valor, seja no aumento de receitas, seja na redução de custos, quando a estratégia implementada estiver focada no nível de negócios.

De acordo com Hooley (2005), existe uma relação direta entre a economia de escala e o *market share* e faturamento.

Considerando as economias de escala e os efeitos da curva de experiência na fabricação e comercialização de um número reduzido de tipos de produtos, obtém-se uma participação mais alta no mercado, em relação à participação dos concorrentes (*market share*), associadas ainda a uma melhor geração de caixa.

A participação relativa de mercado é usada como um indexador substituto para a rentabilidade, partindo do princípio de que uma participação preponderante leva a um resultado superior. Ou seja, para Hooley (2005), maiores participações no mercado levam a gerações positivas de caixa, ocorrendo o oposto no caso de baixas participações.

As curvas de experiência são ligadas à participação no mercado por um círculo virtuoso em que uma empresa com alta participação de mercado ganha mais experiência do que seus concorrentes. Essa experiência resulta em custos mais baixos; os custos mais baixos significam que, a um determinado preço de mercado, a empresa com a participação mais alta no mercado tem os lucros mais altos.

Segundo Possas (1993), economias de escala existem quando o aumento do volume da produção de um bem por período acarreta a redução de seus custos. Emprego de métodos produtivos mais automatizados ou mais avançados podem ser os fatores dessa redução. Para o autor, até recentemente, as economias de escala de grande porte eram, em geral, associadas à produção por meio de processos contínuos e com insumos de uso comum, para os quais não cabe distinção de produto.

Em contrapartida, de acordo com Bowersox *et al.* (2014), os clientes vêm demandando cada vez mais produtos diferenciados, o que implica a produção de pequenas quantidades de uma maior variedade de itens, fazendo com que a economia de escala venha perdendo espaço nas fábricas.

O descompasso entre quantidade e variedade refere-se ao fato de que as empresas manufatureiras tendem a se especializar na produção de grandes quantidades de um universo limitado de itens. Já os clientes, por outro lado, geralmente demandam pequenas quantidades de inúmeros itens. Essa diferença entre os setores de produção e consumo da economia deve ser harmonizada de alguma forma para fornecer a variedade de produtos exigida pelos clientes.

Para Szwarcfiter (1997), existem vantagens associadas à variação da produção, pois, no sentido de prevenir-se de uma possível queda na demanda de seu produto, a empresa deverá fabricar outros produtos que se assemelhem ao produto original em questão, de maneira que sempre haja uma compensação no aumento das vendas de um produto, caso haja declínio de mercado de outro. Produtos que se assemelham permitem, com poucas mudanças no processo de produção, ser fabricados paralelamente. Mesmo que um dos itens tenha sua produção completamente descontinuada, os demais prosseguirão sendo fabricados.

Percebe-se então, com clareza, que a necessidade de diversificação aliada à flexibilização se torna uma exigência motivada pela fragmentação e constante transformação dos mercados. É sobretudo nesse ponto que se percebe a necessidade da mudança das economias de escala para as de escopo nos setores que tradicionalmente procuraram obter economias de escala através da padronização.

Por outro lado, alterações de produto nas linhas de produção e montagem rígidas tradicionais provocam altos custos, além de tempos de *setup* muito longos.

Todavia, convém observar que, conforme afirmam Hitt, Ireland e Hoskisson (2011), certas pesquisas mostram que graus mais elevados de variação na produção se associam a baixos retornos. Se o desempenho satisfatório suprime a necessidade da diversificação de produtos, em contrapartida, o desempenho ruim pode impulsionar a diversificação.

Coleta de Dados

Esta pesquisa foi de abordagem quantitativa, descritiva e, quanto aos procedimentos da pesquisa e meios de investigação, caracterizou-se como documental e de laboratório.

A exemplo dos capítulos anteriores, a pesquisa utilizou registros das aplicações realizadas do jogo de logística BR-LOG.

As empresas virtuais que concorrem no Laboratório de Logística BR-LOG decidiram o tamanho de suas linhas de produtos, optando por fabricar e comercializar de um até cinco produtos diferentes, sendo necessárias cinco matérias-primas em proporções distintas para produzir cada um desses cinco produtos.

Os dados coletados, que se converteram nas informações necessárias ao estudo, foram provenientes das decisões administrativas de 41 empresas virtuais, constituídas por equipes de alunos de graduação e pós-graduação que cursaram disciplinas correlatas ao estudo de logística, no período compreendido entre os anos de 2011 e 2014.

Os alunos eram participantes das seguintes instituições de ensino superior: Escola Superior de Propaganda e Marketing (ESPM), Instituto de Pós-Graduação e Pesquisa em Administração da Universidade Federal do Rio de Janeiro (COPPEAD) e Instituto Brasileiro de Mercado de Capitais (IBMEC).

Os dados coletados foram aqueles relativos às três variáveis abordadas no estudo, a saber: "Resultado financeiro", "*Market share* final médio por empresa" e "*Mix* de produtos".

A seguir, oferece-se uma breve explanação sobre como cada uma dessas variáveis foi computada:

1. resultado financeiro — ao final do jogo, o lucro total obtido pelas empresas foi extrapolado, considerando uma projeção igual ao resultado efetivamente acumulado mais a média das últimas cinco semanas, projetada até o final do ano;

2. *market share* final médio por empresa — ao final do jogo, a participação de mercado de cada empresa será calculada pela média do seu *market share* nos cinco produtos; essa participação em cada produto foi o somatório da quantidade vendida ao longo de todas as semanas por cada empresa, comparado percentualmente ao somatório de todas as empresas;

3. *mix* de produtos — refere-se à quantidade de produtos no portfólio da empresa. Foi considerado um produto pertencente ao portfólio aquele que tenha sido vendido em pelo menos 20% de todas as rodadas durante a aplicação do jogo.

As hipóteses da pesquisa relacionam o *mix* de produtos ao *market share* e aos resultados financeiros.

A primeira hipótese assinala que as empresas que possuem menor *mix* de produtos possuem maior *market share*. Para tal, se baseia em aspectos teóricos que afirmam que as reduções da diversidade de produtos são associadas a economias de escala e aos efeitos da curva de experiência. Por sua vez, as curvas de experiência são ligadas à participação no mercado por um círculo virtuoso em que uma empresa com alta participação de mercado ganha mais experiência que seus concorrentes.

Já a segunda hipótese testada indica que as empresas que possuem maior *mix* de produtos obtêm melhores resultados financeiros. Um argumento teórico que sustenta essa hipótese é que se existe uma probabilidade razoável de uma firma ser afetada por um declínio na demanda para o seu produto, ela provavelmente procurará fabricar outros produtos que guardem certas semelhanças com este, de modo que possam ser fabricados simultaneamente; poderá, assim, compensar um declínio nas vendas de um produto com um aumento nas vendas de outro.

A Figura 10.1 resume a relação entre as variáveis estudadas nas hipóteses desta pesquisa. Os números no interior das setas horizontais correspondem às hipóteses na mesma sequência apresentada. As setas cinzas mostram crescimento e redução, conforme indicado nas hipóteses de pesquisa. Por exemplo, a primeira hipótese do estudo infere que as empresas que possuem menor *mix* de produtos possuem maior *market share*.

FIGURA 10.1. **RELAÇÃO ENTRE AS VARIÁVEIS ESTUDADAS NAS HIPÓTESES DE PESQUISA**

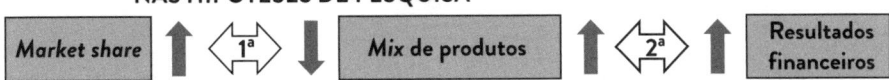

Fonte: Elaboração própria.

As análises desenvolvidas procuraram demonstrar, por correlações entre as variáveis propostas, se corroboraram ou não o que versa a literatura pesquisada sobre o tema.

As correlações obtidas em cada uma das análises foram interpretadas e consistiram nos elementos para a testagem das hipóteses, formuladas com base no referencial teórico. Os resultados dos coeficientes obtidos nas correlações de cada uma das hipóteses tiveram sua significância estatística avaliada.

Para a primeira hipótese, o resultado esperado seria uma correlação negativa entre as variáveis *"Mix* de produtos" e *"Market share"*.

O resultado esperado para a segunda hipótese seria uma correlação positiva entre as variáveis *"Mix* de produtos" e "Resultados financeiros".

Em relação à limitação do método, vale destacar que o BR-LOG se aplica a um contexto específico de produtos, sendo desenvolvido com base em um modelo que é uma simplificação da realidade. Outra limitação remete às empresas participantes das aplicações do jogo, geridas por alunos (com maior ou menor grau de experiência na área), muitos deles de graduação, não se tratando de profissionais experientes na área de logística. Assim, não seria correto afirmar que os resultados seriam exatamente os mesmos se as decisões que impactam os indicadores estudados tivessem sido tomadas por profissionais de mercado pertencentes a empresas reais, o que caracterizaria uma pesquisa empírica, e não experimental, como a pretendida neste estudo. Com o intuito de minimizar essa última limitação, o tratamento desconsiderou os *outliers* (valores atípicos), de forma a reduzir discrepâncias.

Resultados

O processo de transformação dos dados coletados nas rodadas do jogo BR-LOG em informações que subsidiaram as análises e conclusões desta pesquisa se iniciou com a seleção e agrupamento dos registros exclusivos às variáveis ora abordadas no estudo.

De posse dos dados filtrados e calculados, foi elaborada a Tabela 10.1, que consolida as informações nas quais se basearam as verificações das hipóteses, através de correlações entre as variáveis sugeridas na pesquisa.

TABELA 10.1. **INFORMAÇÕES CONSOLIDADAS DAS VARIÁVEIS ESTUDADAS NAS 41 EMPRESAS VIRTUAIS**

TURMA	EMPRESA	RESULTADO FINANCEIRO	MARKET SHARE	MIX DE PRODUTOS
COPPEAD 1	1	-R$3.574.432,08	10%	3
	2	-R$4.055.470,60	36%	5
	3	R$4.450.625,59	37%	5
	4	-R$6.077.456,96	17%	5
COPPEAD 2	5	R$18.160.521,84	40%	4
	6	R$19.142.915,26	22%	2
	7	R$2.977.891,59	8%	2
	8	R$19.303.901,00	29%	4
COPPEAD 3	9	R$8.045.996,71	28%	5
	10	R$4.264.527,77	15%	5
	11	R$33.378.753,41	39%	5
	12	R$5.586.796,29	17%	4
COPPEAD 4	13	-R$3.420.239,70	10%	4
	14	R$32.431.805,69	39%	3
	15	R$1.667.756,33	9%	2
	16	R$26.893.404,76	42%	5
ESPM 1	17	R$11.475.324,06	56%	4
	18	R$2.017.606,86	21%	2
	19	-R$1.194.877,79	22%	2
	20	-R$936.490,04	1%	1
ESPM 2	21	-R$984.526,98	50%	2
	22	-R$2.241.996,19	45%	2
	23	-R$1.429.329,85	5%	1

TURMA	EMPRESA	RESULTADO FINANCEIRO	*MARKET SHARE*	MIX DE PRODUTOS
ESPM 3	24	R$1.743.271,88	76%	5
	25	-R$3.774.844,95	3%	5
	26	-R$3.829.062,81	14%	3
	27	-R$3.084.355,32	7%	5
IBMEC 1	28	R$2.844.143,37	25%	4
	29	R$337.966,07	31%	4
	30	R$2.179.622,36	32%	5
	31	-R$3.126.649,08	12%	2
IBMEC 2	32	R$600.509,52	8%	2
	33	R$2.483.744,09	20%	2
	34	R$2.201.095,02	72%	5
IBMEC 3	35	-R$2.015.411,25	15%	3
	36	R$2.168.201,89	13%	2
	37	R$4.822.926,85	28%	3
	38	R$1.659.734,05	44%	5
IBMEC 4	39	-R$434.308,05	19%	4
	40	R$5.237.445,56	56%	4
	41	R$3.626.296,64	25%	5

FONTE: Elaboração própria.

Utilizando os valores obtidos e expostos na Tabela 10.1, as correlações entre as variáveis foram calculadas. Correlações com valores entre 0 (zero) e 0,3 são consideradas fracas. Já as correlações que se apresentam com valores entre 0,3 e 0,6 são consideradas moderadas. Acima de 0,7 (até o valor máximo de 1,0), as correlações são consideradas fortes.

A significância do coeficiente de correlação pode ser confirmada através do teste de hipótese para a correlação. Para valores p obtidos menores do que o nível de significância adotado de $\alpha = 5\%$, rejeita-se a hipótese nula e pode-se concluir que o coeficiente de correlação é significativamente diferente de zero.

A seguir são expostas as análises das hipóteses da pesquisa, com base nos relacionamentos obtidos entre as variáveis presentes em cada hipótese.

Análise e Discussão dos Resultados

Análise da Hipótese 1

A primeira hipótese desta pesquisa reza o seguinte: as empresas que possuem menor *mix* de produtos possuem maior *market share*.

Conforme a análise visual sugerida pela Figura 10.2, pode-se perceber que as empresas com maior *mix* de produtos têm uma tendência a ter maior participação de mercado.

FIGURA 10.2. **MIX DE PRODUTOS X MARKET SHARE**

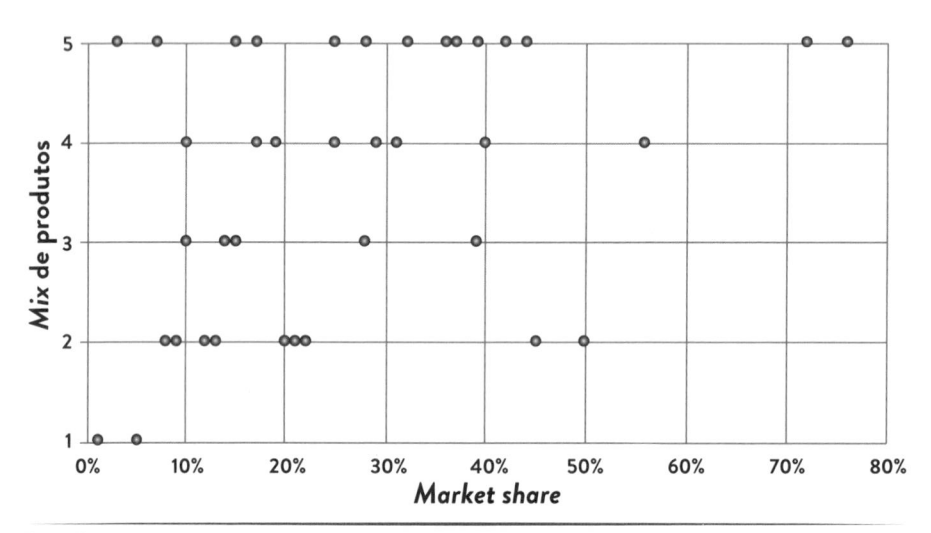

FONTE: Elaboração própria.

A correlação obtida entre essas duas variáveis foi de 0,41, ou seja, existe uma correlação moderada positiva, o que indica que uma maior gama de produtos sugere uma maior participação de mercado da empresa que adota tal política de produção.

A validade do coeficiente de correlação obtido é confirmada através do teste de significância realizado, em que o valor p calculado foi de 0,26%, inferior ao limite de 5%.

Conforme percebido na teoria levantada, a compreensão da relação entre o *mix* de produtos e o desempenho das empresas, embora seja objetivo constante de estudos, não apresenta consonância entre seus autores. Ainda sobre a dificuldade dessa relação, resgatando a afirmação de Carvalho (2011), essa é uma questão de maior complexidade, devido aos inúmeros fatores a serem considerados.

Tendo como referência a pesquisa de Mendes da Silva (2004), que apresenta entre seus resultados uma performance inferior de empresas brasileiras que diversificam mais, o que se verificou aqui foi exatamente o oposto. O estudo de Mendes da Silva (2004) ressalta, porém, que os resultados de sua pesquisa estão em oposição aos de outros estudos de escopo internacional.

O resultado atingido indica que não se obtém uma maior participação de mercado ao se especializar na fabricação e distribuição de um menor *mix* de produtos em relação aos concorrentes que diversificam mais. Tal resultado opõe-se à afirmação de Hooley (2005), que preconiza que empresas, ao apostar em uma estratégia de fabricação de produtos específicos, tornam-se especializadas nestes e, consequentemente, obtêm redução de custos de produção e uma maior participação de mercado. O que se verificou foi que obtiveram melhores resultados aqueles que tiveram por estratégia uma economia de escopo, em vez de uma economia de escala.

O resultado obtido está de acordo com a observação de Bowersox *et al.* (2014), que deduz que os clientes demandam pequenas quantidades de inúmeros itens.

Dessa forma, a hipótese estudada não apenas deixa de ser confirmada, como também existe uma indicação em sentido oposto ao proposto.

Análise da Hipótese 2

A segunda hipótese expressa que as empresas que possuem maior *mix* de produtos obtêm melhores resultados financeiros.

Os pares ordenados obtidos para as duas variáveis desta hipótese — evidenciados na Figura 10.3 — mostram não haver uma relação clara entre a diversidade de produtos fabricados pelas empresas e seus resultados financeiros.

FIGURA 10.3. *MIX* DE PRODUTOS X RESULTADOS FINANCEIROS

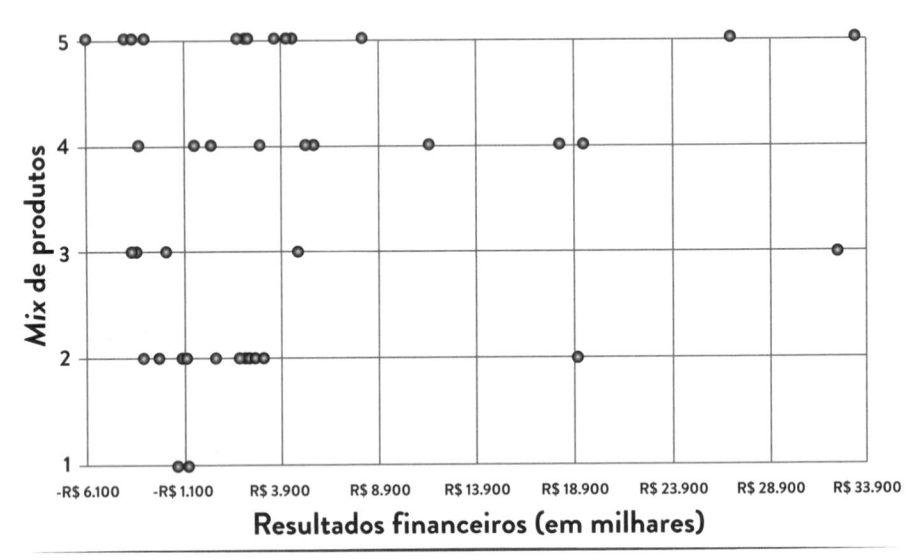

FONTE: Elaboração própria.

A correlação entre essas duas variáveis foi de apenas 0,17, demonstrando haver uma correlação fraca e positiva. Não houve significância desse resultado a um nível de 5%. Mas o valor p encontrado (14,32%) não foi tão alto. Isso indica que, embora não se possa confirmar a significância da correlação obtida, também não fica inviabilizada a possibilidade de realização de novos testes para confirmar a existência de uma pequena influência de uma variável sobre a outra.

Por conta do resultado obtido, não se pode confirmar a hipótese de que empresas que possuem maior portfólio de produtos atingem resultados financeiros mais favoráveis do que suas concorrentes que diversificam menos a produção.

Como mencionado por Carvalho (2011), chama a atenção para a questão entre diversificar ou especializar, afirmando tratar-se de uma das mais difíceis de responder. Para os autores Grzebieluckas, Marcone Alberton (2013), as empresas mais rentáveis são as que menos diversificam. Em contrapartida, para Hitt, Irleand e Hoskisson (2011), as empresas normalmente diversificam sua produção em busca de melhores resultados.

Dessa forma, o resultado encontrado nessa pesquisa corrobora a dificuldade na definição da relação entre o *mix* de produtos de uma empresa e sua influência sobre os resultados financeiros, muito embora essa dificuldade também envolva a análise em relação à participação de mercado, na hipótese anterior.

Considerações Finais

Este capítulo teve como objetivo avaliar o impacto causado pela diversificação do portfólio de produtos sobre o *market share* e resultados financeiros de empresas virtuais participantes de um jogo de empresas.

Os resultados gerados apontaram uma correlação moderada e positiva para as duas variáveis envolvidas na primeira hipótese (*Mix* de produtos e *Market share*), embora a hipótese afirmasse que tal correlação fosse negativa, o que levou à sua rejeição. Porém, nesse caso, pode-se concluir que existe uma relação entre essas variáveis.

Já a hipótese 2 apresentou uma correlação com o sinal, embora fraca, conforme o esperado e um valor p superior, mas relativamente próximo a 10%, o que indica que um estudo mais abrangente, com maior amostra, poderá revelar uma conclusão mais consistente.

A Figura 10.4 resgata a Figura 10.1, apresentada anteriormente, que sintetizou as hipóteses estudadas. Adaptando-a para os resultados obtidos, verifica-se que a primeira hipótese — destacada na cor cinza-escuro e com o número na cor branca — apresentou um resultado significativo (embora em oposição à hipótese formulada).

Ainda na Figura 10.4, está destacada na cor cinza-claro a hipótese 2, pois não deve ser completamente rejeitado tal resultado, uma vez que apresentou uma correlação positiva fraca, com uma significância estatística não tão distante da satisfatória.

FIGURA 10.4. **SÍNTESE DOS RESULTADOS OBTIDOS**

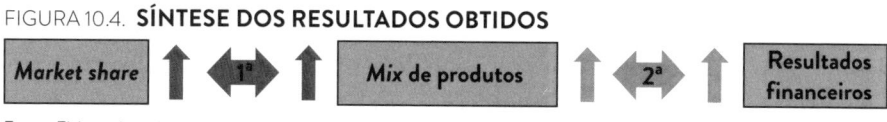

FONTE: Elaboração própria.

A correlação que mostra de forma moderada que um maior *mix* de produtos leva a uma maior participação de mercado (hipótese 1 invertida) talvez se explique pela dificuldade de prever a demanda de um (ou poucos) produto(s), e que tal dificuldade de previsão possa diluir-se ao fabricar uma maior gama de produtos. Uma previsão incorreta pode ser encoberta por outra mais assertiva.

De forma similar, a relação (ainda que fraca) entre o *mix* de produtos e melhores resultados financeiros, expressa na hipótese 2, pode ter como base a mesma explicação. Ou seja, tomadas de decisão com expectativas de demandas incorretas podem prejudicar as empresas com poucos produtos, uma vez que, com mais produtos a serem oferecidos ao mercado, os erros de previsão nas encomendas podem ser diluídos e compensados naqueles produtos que tiveram decisões mais adequadas.

Até mesmo os resultados em que não se pôde comprovar as hipóteses elaboradas podem ser interpretados como coerentes com as dificuldades de estudiosos do tema pesquisado em acordarem plenamente sobre como otimizar as decisões sobre *mix* de produtos, ou seja, a dificuldade de serem comprovadas as hipóteses propostas no estudo vem ao encontro de outras pesquisas realizadas, corroborando a complexidade das decisões na área estudada, assim como as opiniões, por vezes controversas, entre os estudiosos do tema, demonstrando não se tratar de assuntos triviais e da necessidade de aprofundamento das pesquisas.

Percebe-se haver limitações ao abordar um problema de pesquisa por meio de um jogo ou uma simulação da realidade. Como exemplos dessas limitações, podem ser relacionados: os diferentes níveis de aprendizado dos jogadores, assim como suas vivências profissionais; as diversas variáveis não estabelecidas nos jogos (como, por exemplo, desastres naturais, índices de inflação etc.); a duração do jogo em si; e até mesmo o entendimento de que metas não atingidas não implicam maiores consequências no mundo real.

Apesar de, por certo, existirem limitações como as destacadas, é de grande importância o uso de jogos e simuladores como uma maneira original de praticar uma pesquisa, pois cada vez mais a tecnologia e a evolução dos programas facilitam a aproximação de situações reais ao universo simulável, produzindo resultados que ampliam o nível de conhecimento de pesquisadores e participantes, sem a necessidade de riscos reais e de forma acessível.

Como proposta para estudos futuros, em busca do aprofundamento e obtenção de confirmação, ou mesmo de novas respostas às perguntas desta pesquisa, sugere-se a aplicação do jogo BR-LOG aos profissionais atuantes nas áreas de operações e logística ou de marketing. Dessa forma, através de uma equiparação de conhecimentos e da experiência dos jogadores, poderão ser alcançados valores mais próximos à realidade.

Sugere-se uma abordagem qualitativa às questões levantadas, tendo por objetivo um novo olhar sobre os temas aqui discutidos e com conclusões baseadas em um enfoque quantitativo.

Também é sugerida a coleta de amostras maiores para que se possa ter mais indícios sobre aquela correlação que foi quase significativa a 10%.

Por fim, sugere-se que o estudo seja refeito utilizando dados de empresas reais, procurando responder às mesmas questões, para que se possa vir a comparar os novos resultados aos ora obtidos através do uso do jogo de logística. Assim, além dos resultados da pesquisa em si, poderia buscar-se uma confirmação (ou não) da validade do emprego do jogo de logística BR-LOG em pesquisas científicas.

Últimas (?) Palavras...

O filósofo grego Sócrates só sabia que nada sabia... Ao ouvir essa frase dita pelo próprio, alguém pode, inadvertidamente, duvidar da sapiência do famoso sábio da Antiguidade. Mas Sócrates, ao mesmo tempo em que modestamente reconhecia sua ignorância, referia-se ao seu conhecimento relativo.

À medida que a ciência caminhava, a humanidade tinha cada vez mais consciência **do que era possível saber**, do potencial de conhecimento que a nossa espécie era capaz de acumular. E esse potencial aumentava a cada descoberta científica.

Sócrates, então, tinha consciência de que sabia muito pouco em relação ao que se podia saber, **ao que se tinha para saber**. E, relativamente, sabia menos do que pensadores e cientistas que vieram antes dele, embora, **absolutamente**, talvez soubesse mais do que a maioria deles.

Hoje, a humanidade "sabe" muito mais do que há 100 anos, mas certamente há mais lacunas no conhecimento atualmente do que no século passado. O potencial de conhecimento aumentou — e continua aumentando — exponencialmente, e a consequência é que há cada vez mais perguntas sem resposta; não porque temos menos respostas hoje, mas, sim, porque temos muito mais perguntas!

E é assim que a ciência avança: abrindo mais portas do que as pesquisas são capazes de fechar.

Este livro procurou apresentar uma metodologia de pesquisa capaz de responder a algumas perguntas relacionadas à logística e aos jogos de empresas. E também — talvez com mais importância — procurou gerar uma reflexão entre pesquisadores, acadêmicos, profissionais e demais interessados, capaz de propor novas perguntas a serem respondidas por essa metodologia, e — por que não? — inspirar outros pesquisadores a desenvolverem novas metodologias de pesquisa capazes de responder a perguntas que, hoje, nem imaginamos existir.

No contexto pedagógico referente aos jogos de empresas, foram lançadas perguntas ligadas à relação entre a assimilação dos conceitos da disciplina relacionada ao jogo de empresas e a participação e o desempenho na atividade por parte dos alunos; o desempenho revelou-se capaz de impactar a assimilação, mas não a participação na atividade.

No mesmo contexto pedagógico, foi indagada a relação entre o estilo de aprendizagem dos alunos e o seu desempenho na atividade, e essa relação não se revelou significativa.

Já no contexto logístico, foi questionado se o famoso *trade-off* de compras realmente se faz pertinente. Respostas sugeriram que o tamanho do lote não tem impacto significativo nos custos de aquisição e de estocagem nem no desempenho final das empresas.

Indagações referentes à quantidade de centros de distribuição de uma empresa também foram levantadas. Não foi verificada influência dessa quantidade nem no custo de estocagem, nem no nível de serviço; houve influência fraca no custo de operação dos armazéns e no lucro líquido final, e influência moderada no custo de transportes.

Já perguntas ligadas ao impacto dos níveis de estoque foram respondidas com um tímido **sim** no tocante ao *market share* das empresas e com um convicto **não** em relação ao resultado financeiro destas.

Ainda no contexto puramente logístico, também foram lançadas indagações em relação à atividade logística mais marcante, o transporte. A dependência em relação ao modal rodoviário não se revelou capaz de impactar nem o *market share* das empresas, nem os seus resultados financeiros.

Perguntas na interface da logística com o marketing também foram propostas, como as referentes à relação entre nível de serviço logístico e preço, e entre estes e os indicadores financeiros das empresas. Enquanto aqueles não se mostraram relacionados entre si, ambos revelaram uma relação moderada com a receita e com o resultado financeiro, enquanto o primeiro também demonstrou relação com o retorno sobre o investimento e com o custo total — esta última relação tendo sido entendida como intensa.

Na mesma interface, foi questionado o impacto do sortimento de produtos no *market share* das empresas e nos seus resultados financeiros. Respostas apontaram para a presença de impacto no primeiro caso e para a ausência no segundo.

E que outras perguntas podem ser feitas para serem respondidas por essa metodologia aqui apresentada? Por exemplo, a duração (em rodadas) do jogo de empresas e a participação ativa do moderador podem impactar o aproveitamento pedagógico dos participantes?

O modelo matemático escolhido pela empresa para localizar seus centros de distribuição ou para prever a sua demanda pode impactar o seu desempenho? E se as empresas adotarem uma postura de cooperação, evitando uma concorrência mais agressiva pelos mesmos mercados e/ou compartilhando cargas para reduzirem custos de transporte, em vez da tradicional postura de competição?

E que outras perguntas podem ser feitas? Ou, indo além, que outras metodologias podem ser imaginadas para tentar responder a perguntas que ainda estão por vir? Será que sabemos que nada (ou pouco) sabemos?

Referências

ALTHOFF, T.; COLZANI, T.; SEIBEL, S. A dinâmica da montadora de canetas — uma simulação baseada em jogos de empresas no ensino da engenharia de produção. In: Encontro Nacional de Engenharia de Produção (ENEGEP), 29., 2009, Salvador. **Anais...** Salvador: ABEPRO, 2009.

ANDERSON, P.; LAWTON L., Assessing Student Performance on a Business Simulation Exercise. **Developments in Business Simulation & Experiential Exercises**, v. 15, p. 241–245, 1988.

ARBACHE, F. **As Angústias da Gestão de Estoque.** Disponível em: <http://www.arbache.com/blog/wp-content/uploads/2015/02/Apostila-V2N.pdf>. Acesso em: 11 jun. 2015.

ARBACHE, F. S. *et al.* **Gestão de Logística, Distribuição e Trade Marketing**. 4. ed. Rio de Janeiro: FGV, 2011.

AZEREDO, S. **Jogos de Empresas Aplicados à Logística Empresarial**. Dissertação (Mestrado em Engenharia de Produção) — Programa de Pós-graduação em Engenharia de Produção. Niterói: UFF, 2004.

AZEREDO, S.; ORNELLAS, A.; RAMOS, R. Jogos de Empresas Aplicados à Logística Empresarial: Um panorama dos modelos disponíveis no país. In: Encontro Nacional de Engenharia de Produção, 26., 2006, Fortaleza. **Anais...** Fortaleza: ENEGEP, 2006.

BALLOU, R. H. **Gerenciamento da Cadeia de Suprimentos**. 4. ed. Porto Alegre: Bookman, 2001.

BALLOU, R. **Logística Empresarial**. São Paulo: Atlas, 1993.

BALLOU, R. **Logística Empresarial**: Transportes, administração de materiais, distribuição física. 1. ed. São Paulo: Atlas, 2012.

BERGAMASCHI FILHO, E.; ALBUQUERQUE, A. Atitudes Tomadas Durante um Jogo de Empresas e Seu Impacto na Tomada de Decisão: Estudo de caso aplicado em uma turma de contabilidade. In: Encontro de Ensino e Pesquisa em Administração e Contabilidade (ENEPQ), 2., 2009, Curitiba. **Anais...** Curitiba: ANPAD, 2009.

BESANKO, D.; DRANOVE, D.; SHANLEY, M.; SHAEFER, S. **A Economia da Estratégia.** Porto Alegre: Bookman, 2006.

BONOCIELLI JÚNIOR, S.; LOPES, P. Estudo e Modelagem do Mercado de Capitais em Jogo de Empresas Geral. In: Seminários em Administração, 11., 2008, São Paulo. **Anais...** São Paulo: SEMEAD, 2008.

BOURAHLI, A.; MONTENEGRO, L.; MODENESE, Y.; PEREIRA, S. Aplicabilidade do Método de Centro de Gravidade para Determinação da Localização Estratégica de Centros de Distribuição. In: Encontro da Associação Nacional dos Cursos de Graduação em Administração, 21., 2010, Brasília. **Anais...** Brasília: ANGRAD, 2010.

BOUZADA, M. (Org.). **Jogando Logística no Brasil**. Curitiba: CRV, 2011.

BOUZADA, M. Laboratório de Logística: Uma proposta de metodologia de pesquisa. In: Simpósio de Administração da Produção, Logística e Operações Internacionais, 13., 2010, São Paulo. **Anais...** São Paulo: SIMPOI, 2010.

BOUZADA, M. **Um Jogo de Logística Genuinamente Brasileiro**. Dissertação (Mestrado em Administração) — Instituto de Pós-graduação e Pesquisa em Administração. Rio de Janeiro: UFRJ/COPPEAD, 2001.

BOUZADA, M.; SALIBY, E. Um Jogo de Logística Genuinamente Brasileiro. In: Simpósio de Pesquisa Operacional e Logística da Marinha, 4., 2001, Rio de Janeiro. **Anais...** Rio de Janeiro: SPOLM, 2001.

BOWERSOX, D. J.; CLOSS, D. J.; COOPER, M. B.; BOWERSOX, J. C. **Gestão Logística da Cadeia de Suprimentos.** 4. ed. Porto Alegre: AMGH, 2014.

BOWERSOX, D., CLOSS, D. **Logistical Management:** The integrated supply chain process. Nova York: McGraw-Hill, 1996.

BRASIL. PNLT — Plano Nacional de Logística e Transporte, 2007.

CARLSON, J., MISSHAUK, M. **Introduction to Gaming:** Management decision simulations. Nova York: John Wiley & Sons, 1972.

CARVALHO, N. **Especialização ou Diversificação?** 2011. Disponível em: <http://www.jornaldenegocios.pt/opiniao/detalhe/especializaccedilatildeo_ou_diversificaccedilatildeo.html>. Acesso em: 12 jun. 2015.

CAVANHA, A. **Simulador Logístico**. Dissertação (Mestrado em Engenharia de Produção) — Programa de Pós-graduação em Engenharia de Produção. Florianópolis: UFSC, 2000.

CEL. Centro de Estudos em Logística do COPPEAD/UFRJ. **Jogos de Empresas**. Disponível em: <http://www.centrodelogistica.org/new/fs-jogos.htm>. Acesso em: 30 jun. 2008.

CHEBAT, D. **Análise da Viabilidade de Integração entre Rotas de Longo Curso e de Cabotagem Utilizando um Modelo Matemático**. Monografia (Graduação em Engenharia de Produção) — Escola Politécnica da Universidade de São Paulo. São Paulo: USP, 2006.

CHOPRA, S.; MEINDL, P. **Gerenciamento da Cadeia de Suprimentos.** 1. ed. São Paulo: Pearson Prentice Hall, 2003.

CHURCHIL, G. **Marketing: Criando valor para o cliente**. São Paulo: Saraiva, 2000.

COSTA, D.; PADULA, R. Uma Proposta de Plano de Ação em Infraestrutura de Transportes para o Brasil — 2007-2010. **Comunicação e Política**, v. 25, n. 1, p. 121–152, 2007.

COSTA, G. R. N. **Análise de Transporte por Cabotagem em Empresa de Bens de Consumo**. São Paulo, 2006.

CUNHA, E.; LIMA, R. O Jogo da Cadeia de Suprimentos: Uma proposta econômica e prática para a simulação de conceitos logísticos em sala de aula. In: Encontro Nacional de Engenharia de Produção, 24., 2004, Florianópolis. **Anais...** Florianópolis: ENEGEP, 2004.

DAVIS, J.; EISENHARDT, K.; BINGHAM, C. Developing Theory Through Simulation Methods. **Academy of Management Review**, v. 32, n. 2, p. 480–499, 2007.

DAVIS, M. M.; AQUILANO, N. J.; CHASE, R. B. **Fundamentos da Administração da Produção.** 3. ed. Porto Alegre: Bookman, 2001.

DIAS, G.; SAUAIA, A.; YOSHIZAKI, H. Aproveitamento Escolar e Estilos de Aprendizagem ILS – Felder-Silverman: Estudo descritivo com jogos de empresas. In: Simpósio de Administração da Produção, Logística e Operações Internacionais, 15., 2012, São Paulo. **Anais...** São Paulo: SIMPOI, 2012.

DIAS, G.; SAUAIA, A.; YOSHIZAKI, H. Estilos de Aprendizagem e o Aproveitamento em Jogos de Empresas: Um estudo descritivo. In: Simpósio de Administração da Produção, Logística e Operações Internacionais, 11., 2008, São Paulo. **Anais...** São Paulo: SIMPOI, 2008.

DUNN, R.; BEAUDRY, J.; KLAVAS, A. **Survey of Research on Learning Styles**. Educational Leadership, 1989. Disponível em: <http://www.ascd.org/ASCD/pdf/journals/ed_lead/el_198903_dunn.pdf>. Acesso em: 20 jan. 2011.

ELGOOD, C. **Handbook of Management Games**. Aldershot: Gower, 1988.

ELLER, R., SOUSA JÚNIOR, CURI, M. Custos de Transporte de Carga no Brasil: Rodoviário versus ferroviário. **Journal of Transport Literature**, v. 5, n. 1, 2011, p. 50–64.

FATT, J. Understanding the Learning Styles of Students: Implications for Educators. **International Journal of Sociology and Social Policy**, v. 20, n. 11/12, 2000.

GEORGES, M. O Jogo da Logística e Suas Variantes no Problema de Localização de Instalações. In: Simpósio de Administração da Produção, Logística e Operações Internacionais, 13., 2010, São Paulo. **Anais...** São Paulo: SIMPOI, 2010.

GEORGES, M. O Jogo da Logística. In: Simpósio de Administração da Produção, Logística e Operações Internacionais, 12., 2009, São Paulo. **Anais...** São Paulo: SIMPOI, 2009.

GOLD, S.; PRAY, T. Modeling Non-price factors in the Demand Functions of Computerized Business Simulations. In: Association for Business Simulation and Experiential Learning Conference, 11., 1994, Stillwater (OK, EUA). **Proceedings...** Stillwater: ABSEL, 1994.

GOMES, C.; RIBEIRO, P. **Gestão da Cadeia de Suprimentos Integrada à Tecnologia da Informação**. São Paulo: Pioneira Thomson Learning, 2004.

GORMAN. M. F. Evaluating the Public Investment Mix in US Freight Transportation Infraestructure. **Transportation Research Part A:** Police and Practice, v. 42, n. 1, p. 1–14, 2008.

GRAMIGNA, M. **Jogos de Empresa**. São Paulo: Makron Books, 1994.

REFERÊNCIAS | **191**

GREENBLAT, C. **Designing Games and Simulations:** An illustrated handbook. 2. ed. Newbury Park: Sage, 1989.

GRZEBIELUCKAS, C.; MARCON, R.; ALBERTON, A. **A Estratégia de Diversificação e Performance**: O caso das companhias abertas no Brasil (2013). Disponível em: <http://www.scielo.br/scielo.php?pid=S1678-69712013000200005&script=sci_arttext>. Acesso em: 2 jun. 2015.

HAZOFF JÚNIOR, W.; SAUAIA, A. Aprendizagem Centrada no Participante ou no Professor? Um estudo comparativo em Administração de Materiais. **Revista de Administração Contemporânea**, v. 12, n. 3, 2008.

HESKETT, J. Controlling Customer Logistics Service. **International Journal of Physical Distribution**, p. 141-145, jun. 1971.

HILL, A. Centros de Distribuição: Estratégia para redução de custos e garantia de entrega rápida e eficaz. In: Conferência sobre Logística Colaborativa, 4., **Anais...** 2003.

HITT, M. A.; IRELAND, R. D.; HOSKISSON, R. E. **Administração Estratégica:** Competitividade e globalização. 2. ed. São Paulo: Cengage Learning, 2011.

HONAISER, E.; SAUAIA, A. Desenvolvimento e Aplicação de um Modelo para Previsão de Demanda em Jogos de Empresas. **RAC-Eletrônica**, Curitiba, v. 2, n. 3, p. 470–485, set./dez. 2008.

HOOLEY, G. J. **Estratégia de Marketing e Posicionamento Competitivo** 3. ed. São Paulo: Pearson Prentice Hall, 2005.

JACOBS, F. Playing the Beer Distribution Game Over the Internet. **Production and Operations Management**, Miami, v. 9, n. 1, p. 31–39, Spring 2000.

JANIC, M. Modelling the Full Costs of an Intermodal and Road Freight Transport Network, **Transportation Research** Part D, v. 12, p. 33–44, 2007.

KOGA, S. S. **Estudo de Caso:** Implementação de gerenciamento de portfólio de produtos com enfoque estratégico em uma empresa diversificada. Disponível em: <http://pro.poli.usp.br/wp-content/uploads/2012/pubs/estudo-de-caso-implementacao-de-gerenciamento-de-portfolio-de-produtos-com-enfoque-estrategico-em-uma-empresa-diversificada.pdf>. Acesso em: 19 mar. 2016.

KOPITTKE, B. Simulação Empresarial: Faça seu jogo. In: Encontro da Associação Nacional de Pós-graduação e Pesquisa em Administração, 12., 1989, Belo Horizonte. **Anais...** Belo Horizonte: ANPAD, 1989.

KOTLER, P.; ARMSTRONG, G. **Introdução ao Marketing**. Rio de Janeiro: LTC, 2000.

KOTLER, P.; KELLER, K. L. **Administração de Marketing**. 14. ed. São Paulo: Pearson, 2012.

LEAL, M. **Localização de Depósitos: Um modelo de análise aplicado ao setor de distribuição de combustíveis**. Dissertação (Mestrado em Administração) — Instituto de Pós-graduação e Pesquisa em Administração. Rio de Janeiro: UFRJ/COPPEAD, 1995.

LEMOS, M. Decisões de Preço em Jogos de Empresas: O estudo das elasticidades e do ponto de equilíbrio como ferramentas de apoio à decisão. *Revista LAGOS – UFF (Volta Redonda)*, v. 1, n. 2, p. 1–16, 2011.

LEVI, D. S., KAMINSKY P., LEVI E. S. **Cadeia de Suprimentos — Projeto e Gestão**. 3. ed. Porto Alegre: Artmed, 2010.

LIMA, M. Jogos de Empresa e Operações Logísticas. **Artigos CEL**, 2004. Disponível em: <http://www.cel.coppead.ufrj.br/fr-art-jogos_empresa.htm>. Acesso em: 30 jun. 2008.

LIMA, M.; SAUAIA, A. Impacto dos Investimentos em P&D nos Resultados Empresariais: Um estudo laboratorial com jogos de empresas. In: SIMPÓSIO DE GESTÃO DA INOVAÇÃO TECNOLÓGICA, 25., 2008, Brasília. **Anais...** Brasília: ANPAD, 2008.

LINKS Simulations. **Supply Chain Management Simulations**. Disponível em: <http://www.links-simulations.com/indexEMS.php?variant=SC>. Acesso em: 4 nov. 2009.

LOPES, P. **Formação de Administradores: Uma abordagem estrutural e técnico-didática**. Tese (Doutorado em Engenharia de Produção) — Programa de Pós-graduação em Engenharia de Produção. Florianópolis: UFSC, 2001.

LYRA, A. **Especializar ou Diversificar**: Qual o melhor negócio? 2015. Disponível em: <http://www.unileverfoodsolutions.com.br/nossos-servicos/seu-menu/Especializa--ou-diversificar>. Acesso em: 12 jun. 2015.

MADKUR, F.; MRTVI, V.; LOPES, P. Estilos de Aprendizagem e Constituição de Equipes: Um estudo no contexto dos jogos de empresas. In: Encontro Nacional da ANPAD, 32., 2008, Rio de Janeiro. **Anais...** Rio de Janeiro: ANPAD, 2008.

MARTINELLI, D. **A Utilização dos Jogos de Empresas no Ensino de Administração**. Dissertação (Mestrado em Administração) — Programa de Pós-graduação em Administração. São Paulo: FEA/USP, 1987.

MIRANDA, R.; MIRANDA, C.; COSTA, G. Estratégias de Ensino e Estilos de Aprendizagem: Um experimento no processo ensino-aprendizagem na disciplina de contabilidade introdutória. In: Encontro de Ensino e Pesquisa em Administração e Contabilidade, 3., 2011, João Pessoa. **Anais...** João Pessoa: ANPAD, 2011.

MIYASHITA, R. **Elaboração e Uso de um Jogo de Logística**. Dissertação (Mestrado em Administração). Rio de Janeiro: COPPEAD (UFRJ), 1997.

MOTTA, F.; OSÓRIO, W. Comparação de Níveis de Estoques Determinados por Duas Diferentes Políticas de Reposição: Estudo de caso em empresa de painéis elétricos. **Revista Administração** — Faculdades Network, v. 3, n. 1, p. 1–9, 2009.

MOTTA, G.; MELO, D.; PAIXÃO, R. O Papel do Envolvimento do Aluno no Aprendizado com Jogos de Empresas. In: Encontro de Ensino e Pesquisa em Administração e Contabilidade (ENEPQ), 2., 2009, Curitiba. **Anais...** Curitiba: ANPAD, 2009.

MOURA, R. **Administração de Armazéns**. São Paulo: Instituto IMAM, 1997.

MURITIBA, P.; SAUAIA, A.; MURITIBA, S. Comprometimento dos Alunos com os Métodos de Aprendizagem: Aulas expositivas vs. jogos de empresas. In: Seminários de Administração (SEMEAD), 9., 2006, São Paulo. **Anais...** São Paulo: FEA (USP), 2006.

MURY, A. **Simulando a Cadeia de Suprimento Através de um Jogo Logístico:** Um processo de treinamento. Tese (Doutorado em Engenharia de Produção) — Programa de Pós-graduação em Engenharia de Produção. Rio de Janeiro: UFRJ/COPPE, 2002.

NEVES, J.; LOPES, P. Jogos de Empresas: Um estudo da utilização em cursos de graduação em administração no estado de São Paulo. In: Encontro Nacional da ANPAD, 32., 2008, Rio de Janeiro. **Anais...** Rio de Janeiro: ANPAD, 2008.

NOVAES, A. C. **Logística e Gerenciamento da Cadeia de Distribuição**. 3. ed. Rio de Janeiro: Elsevier, 2007.

OLIVEIRA, M. Heurísticas e Vieses de Decisão: Um estudo com participantes de uma simulação gerencial. In: Seminários em Administração, 11., 2008, São Paulo. **Anais...** São Paulo: SEMEAD, 2008.

OLIVEIRA, M.; ALVES, C. Política de Preços no Desempenho de Empresas: Um estudo com simulador organizacional de estratégia. **Sociedade, Contabilidade e Gestão**, v. 7, n. 1, p. 140–155, 2012.

OLIVEIRA, M.; SAUAIA, A. Prontidão Docente para Aprendizagem Vivencial: Uma mudança de filosofia educacional por meio do jogo de empresas. In: Seminários em Administração, 11., 2008, São Paulo. **Anais...** São Paulo: SEMEAD, 2008.

ORLANDELI, R. **Um Jogo de Empresas Envolvendo Cadeia Logística:** Game F61 — Um enfoque educacional. Dissertação (Mestrado em Engenharia de Produção) — Programa de Pós-graduação em Engenharia de Produção. Florianópolis: UFSC, 2001.

ORNELLAS, A. **Jogos de Empresas: Criando e implementando um modelo para a simulação de operações logísticas**. Dissertação (Mestrado em Engenharia de Produção) — Programa de Pós-graduação em Engenharia de Produção. Campos: UENF, 2005.

PACAGNAN, M.; LOPES, P.; RUBO, M.; RUBO, V. Uma Análise dos Jogos de Negócios como Estratégia de Ensino-aprendizagem à Luz do Interacionismo pelo Viés Dialético. **Revista Eletrônica de Ciência Administrativa (RECADM)**, v. 11, n. 2, p. 288–301, 2012.

PADULA, R. **Infraestrutura I**: Transportes — Fundamentos e propostas para o Brasil. 1. ed. Brasília: Coronário, 2008.

PEIXOTO, F. **Elaboração e Uso de um Jogo de Logística Empresarial**. Projeto de Fim de Curso (Graduação em Engenharia de Produção) — Departamento de Engenharia de Produção. Niterói: UFF, 2002.

PELEIAS, I. **Didática do Ensino da Contabilidade** — Aplicável a outros cursos superiores. São Paulo: Saraiva, 2006.

PINHEIRO, A. **Jogos de Empresa:** Uma experiência de elaboração e aplicação no ensino de administração. Dissertação (Mestrado em Administração) — Instituto de Pós-graduação e Pesquisa em Administração. Rio de Janeiro: UFRJ/COPPEAD, 1983.

PIRES, B. **O impacto da Variação do Preço na Procura de Cuidados de Saúde**. Dissertação (Mestrado em Gestão da Saúde) — Escola Nacional de Saúde Pública. Lisboa: Universidade Nova de Lisboa, 2010.

PNLT — PLANO NACIONAL DE LOGÍSTICA E TRANSPORTES. 2007. Disponível em: <http://www.transportes.gov.br/images/2014/11/PNLT/2007.pdf> Acesso em: 12 jun. 2015.

PNLT — PLANO NACIONAL DE LOGÍSTICA E TRANSPORTE. **Projeto de Reavaliação de Estimativas e Metas do PNLT**: Relatório final. 2011. Disponível em: <http://www.transportes.gov.br/images/2014/11/PNLT/2011.pdf> Acesso em: 12 jun. 2015.

PORTER, M. **Competitive Strategy**. Nova York: The Free Press, 1980.

POSSAS, M. S. **Concorrência e Competitividade:** Notas sobre estratégia e dinâmica seletiva na economia capitalista. Tese de Doutorado. UNICAMP, 1993.

PRETTO, F.; ALMEIDA, F.; PRETTO, C. Jogos de Empresas: Uma estratégia de motivação no processo de ensino e aprendizagem na teoria das organizações. In: ENCONTRO NACIONAL DA ANPAD, 32., 2008, Rio de Janeiro. **Anais...** Rio de Janeiro: ANPAD, 2008.

RANDEL, J.; MORRIS, B.; WETZEL, C.; WHITEHILL, D. The Effectiveness of Games for Educational Purpose: A review of recent research. **Simulation & Gaming**, v. 23, n. 3, p. 221–276, 1992.

RESPONSIVE.NET. Supply Chain Game. Disponível em: <http://www.responsive. net:80/scgame.html>. Acesso em: 4 nov. 2009.

RIBEIRO, L. O. M; BOENTE, A. N. P. A Intermodalidade e o Transporte de Carga no Brasil: Uma visão de aplicabilidade na Lógica Fuzzy. In: XVII Simpósio de Administração da Produção, Logística e Operações Internacionais, 2014, São Paulo. **Anais**. São Paulo: SIMPOI, 2014.

RIBEIRO, P. C. C.; FERREIRA, K. A. **Logística e Transportes:** Uma discussão sobre os modais de transporte e o panorama brasileiro. 2002. In: XXII Encontro Nacional de Engenharia de Produção, Curitiba-PR, 23 a 25 de outubro de 2002. Disponível em: <www.tecspace.com.br/paginas/aula/mdt/artigo01-MDL.pdf>. Acesso em: 25 abr. 2015.

RIBEIRO, R. Planejamento da Produção para Atender a Demanda com Minimização de Custos em um Jogo de Empresas. In: Seminários de Administração da USP, 15., 2012, São Paulo. **Anais...** São Paulo: SEMEPAD, 2012.

RIBEIRO, R.; SAUAIA, A. C. A.; FOUTO, N. M. M. D. Custos e Economias de Escala em um Jogo de Empresas. **RACE — Revista de Administração, Contabilidade e Economia**, v. 13, n. 2, p. 663–688, 2014.

RICCI, A., BLACK, I. Measuring the Marginal Social Cost of Transport. **Research in Transportation Economics**, v. 14, p. 287–314, 2005.

RIVERA, J.; DOMENICO, S.; SAUAIA, A. Influência da Dissimilaridade de Valores Individuais no Resultado de Times de Alta Gerência: Um estudo em laboratório de gestão. **Revista Brasileira de Gestão de Negócios**, São Paulo, v. 16, n. 50, p. 60–74, jan./mar. 2014.

ROBERTO, M. The Stable Core and Dynamic Periphery in Top Management Teams. **Management Decision**, v. 41, n. 2, p. 120–131, 2003.

RODRIGUES, L.; RISCARROLI, V. O Valor Pedagógico de Jogos de Empresas. In: Encontro Nacional dos Cursos de Graduação em Administração (ENANGRAD), 12., São Paulo. **Anais...** São Paulo: ANGRAD, 2001.

ROSAS, A. **Modelo Conceitual de Jogos de Empresas para Empreendedores do Século XXI**. Dissertação (Mestrado em Administração) — Faculdade de Economia, Administração e Contabilidade. São Paulo: USP, 2006.

ROSAS, A.; SAUAIA, A. Jogos de Empresa na Educação Superior no Brasil. In: Encontro Nacional da ANPAD, 30., 2006, Salvador. **Anais...** Salvador: ANPAD, 2006.

ROSSI, P. Opção por modelo rodoviário faz Brasil perder R$ 90 bilhões. 2012. Disponível em: <http://www.techoje.com.br/site/techoje/categoria/detalhe_artigo/1324>. Acesso em: 12 jun. 2015.

SANTORO, J. **Jogos de Empresas:** Elaboração e validação de um jogo interdisciplinar. Dissertação (Mestrado em Administração e Desenvolvimento Empresarial). Rio de Janeiro: UNESA, 2011.

SANTOS, A. Centros de Distribuição como Vantagem Competitiva. **Revista de Ciências Gerenciais**, v. 10, n. 12, p. 34–40, 2006.

SARAIVA, P. L. de O.; MAEHLER, A. E. Transporte Hidroviário: Estudo de vantagens e desvantagens em relação a outros modais de transporte no sul do Brasil. In: XVII Simpósio de Administração da Produção, Logística e Operações Internacionais, 2013, São Paulo. **Anais...** São Paulo: SIMPOI, 2013.

SAUAIA, A. Conhecimento Individual versus Desempenho Coletivo: Formulando e implementando estratégias com jogos de empresas. In: Congresso Latino-americano de Estratégia, 17., 2004, Itapema. **Anais...** Itapema: Sociedade Latino-americana de Estratégia, 2004.

SAUAIA, A. Conhecimento versus Desempenho das Organizações: Um estudo empírico com jogos de empresas. In: Seminários em Administração, 7., 2003, São Paulo. **Anais...** São Paulo: SEMEAD, 2003.

SAUAIA, A. **Jogos de Empresas:** Tecnologia e aplicação. Dissertação (Mestrado em Administração). São Paulo: FEA (USP), 1989.

SAUAIA, A. **Laboratório de Gestão:** Simulador organizacional, jogo de empresas e pesquisa aplicada. 2. ed. Barueri: Manole, 2010.

SAUAIA, A. **Lógica Econômica, Raciocínio Estratégico e Evolução Organizacional:** Além das regras do jogo de empresas. Tese (Livre-docência). São Paulo: FEA (USP), 2006.

SAUAIA, A. **Satisfação e Aprendizagem em Jogos de Empresas:** Contribuições para a educação gerencial. Tese (Doutorado em Administração). São Paulo: FEA (USP), 1995.

SAUAIA, A. Workshop em Jogos de Empresas: Uma vivência para coordenadores, docentes e pesquisadores. In: Encontro de Ensino e Pesquisa em Administração e Contabilidade, 1., 2007, Recife. **Anais...** Recife: ANPAD, 2007.

SAUAIA, A.; KALLÁS, D. Cooperate for Profits or Compete for Market? Study of oligopolistic pricing with a business game. **Developments in Business Simulation and Experiential Learning**, v. 30, p. 232–242, 2003.

SAUAIA, A.; UMEDA, G. Individual Achievement Does not Guarantee Team Performance: An evidence of organizational learning with business games. **Developments in Business Simulation and Experiential Learning**, v. 32, p. 266–272, 2005.

SCHAFRANSKI, A. **Jogos de Gestão da Produção:** Desenvolvimento e validação. Tese (Doutorado em Engenharia de Produção e Sistemas) — Programa de Pós-graduação em Engenharia de Produção e Sistemas. Florianópolis: UFSC, 2002.

SILVA, M. W. **Estratégia de Diversificação:** Evidências de implicações para o desempenho financeiro de indústrias brasileiras. Anais do Congresso Latino-Americano de Estratégia, Itapema, SC, Brasil, 17, 2004.

SILVA, M.; SAUAIA, A. Gestão de Marketing e Lucratividade: Um estudo com jogos de empresas. In: Seminários em Administração, 11., 2008, São Paulo. **Anais...** São Paulo: SEMEAD, 2008.

SILVA, S.; SAUAIA, A. Avaliação do Previsto x Realizado num Jogo de Empresas. In: Congresso de Administração, Sociedade e Inovação, 1., 2012, Volta Redonda (RJ). **Anais...** Volta Redonda (RJ): CASI, 2012.

SIMCHI-LEVI, D. **Cadeia de Suprimentos:** Projeto e gestão. Porto Alegre: Bookman, 2003.

SIMPÓSIO DE PESQUISA OPERACIONAL E LOGÍSTICA DA MARINHA, 4., 2001, Rio de Janeiro. **Anais...** Rio de Janeiro: SPOLM, 2001.

SIQUEIRA, T. Cargas ao Mar. **Portos e Navios**, n. 472, maio 2000.

SLACK, N.; JOHNSTON, R.; CHAMBERS, S. **Administração da Produção.** 2. ed. São Paulo: Atlas, 2002.

STAHL, L.; LOPES, P. Estratégias de Avaliação para Jogos de Empresas Gerais: Avaliando desempenho ou aprendizagem. In: Encontro da ANPAD, 28., 2004, Curitiba. **Anais...** Curitiba: ANPAD, 2004.

SZWARCFITER, C., DALCOL, P. R. T. **Economias de Escala e de Escopo:** Desmistificando alguns aspectos da transição (1997). Disponível em: <http://www.scielo.br/pdf/prod/v7n2/v7n2a01>. Acesso em: 10 abr. 2015.

TANABE, M. **Jogos de Empresas.** Dissertação (Mestrado em Administração) — Faculdade de Economia, Administração e Contabilidade. São Paulo: USP, 1977.

URDAN, F. T.; URDAN, A. T. **Gestão do Composto de Marketing.** 1. ed. São Paulo: Atlas, 2006.

VARK-LEARN. **A Brief Biography of Neil D. Fleming.** Disponível em: <http://www.vark-learn.com/>. Acesso em: 15 fev. 2010.

VIANA, F. Entendendo a Logística e Seu Estágio Atual. **Revista Científica da Faculdade Lourenço Filho,** Fortaleza, v. 2, n. 1, p. 1–9, 2002.

VICENTE, P. **Jogos de Empresas.** São Paulo: Makron Books, 2001.

VICENTE, P. O Uso de Simulação como Metodologia de Pesquisa em Ciências Sociais. **Cadernos EBAPE.BR,** Rio de Janeiro, v. 3, n. 1, p. 1–9, mar. 2005.

VIEIRA FILHO, L.; MATOS, F.; GUEDES, M.; DINIZ, G.; DINIZ JÚNIOR, A. Jogo de Empresas: Caracterização e implementação computacional de um modelo para o ensino da logística — GI-LOG. In: Encontro Nacional da ANPAD, 32., 2008, Rio de Janeiro. **Anais...** Rio de Janeiro: ANPAD, 2008.

WANG, M. Uncertain Analysis of Inventory Theoretic Model for Freight Mode Choice. In: **International Conference on Intelligent Computation Technology and Automation,** 2008.

WANK, P. **O Papel do Transporte na Estratégia Logística.** 2000. Disponível em: <http://www.ilos.com.br/web/o-papel-do-transporte-na-estrategia-logistica>. Acesso em: 17 jun. 2016.

WANKE, P.; FLEURY, P. O. **Paradigma do Ressuprimento Enxuto:** Armadilha na gestão do fluxo de materiais entre elos da cadeia de suprimentos. In: Encontro da Associação Nacional de Pós-graduação e Pesquisa em Administração, 23., 1999, Foz do Iguaçu (PR). **Anais...** Foz do Iguaçu: ANPAD, 1999.

WELLINGTON, W.; FARIA, A.; HUTCHINSON, D. Consistency of Participant Simulation Performance Across Simulation Games of Growing Complexity. **Developments in Business Simulation & Experiential Exercises**, v. 34, p. 24–31, 2007.

Índice

CONHEÇA OUTROS LIVROS DA ALTA BOOKS

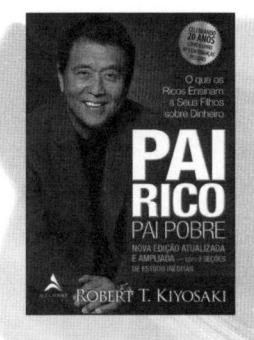

SEJA AUTOR DA ALTA BOOKS!

Envie a sua proposta para: autoria@altabooks.com.br

Visite também nosso site e nossas redes sociais para
conhecer lançamentos e futuras publicações!

www.altabooks.com.br

 /altabooks ▪ /altabooks ▪ /alta_books

ALTA BOOKS
EDITORA

Este livro foi impresso nas oficinas gráficas da Editora Vozes Ltda.,
Rua Frei Luís, 100 – Petrópolis, RJ.